Brigitte Weihnachtsbuch

Brigitte
Das große bunte Weihnachtsbuch

Ilse Döring

Ganz in Rosa: Hier tummeln sich Bonbonketten, glänzende Papiertüten, Zuckerstangen, Vögel, geringeltes Geschenkband und rosa Kerzen im Baum.

Die Autorin

ILSE DÖRING leitet seit vielen Jahren das Schönheitsressort bei Brigitte. Das Weihnachtsbuch ist ihr 15. Buch. Bekannt wurde sie vor allem als Autorin erfolgreicher Kinderbücher. Außerdem schreibt sie Sachbücher und produzierte fünf Schallplatten.

Lizenzausgabe mit Genehmigung der Mosaik Verlag GmbH, München für die Bertelsmann Club GmbH, Gütersloh, die EBG Verlags GmbH, Kornwestheim, die Buchgemeinschaft Donauland Kremayr & Scheriau, Wien, und die Buch-und Schallplattenfreunde GmbH, Zug/Schweiz.

Diese Lizenz gilt auch für die Deutsche Buch-Gemeinschaft C. A. Koch's Verlag Nachf., Berlin - Darmstadt - Wien.

Gestaltung: Ekkhart Blunck
Produktion: Druckzentrale G + J
Satz: Type + Litho,
Klaus Sakuth GmbH, Hamburg
Lithografie: Bütehorn,
Satz + Repro, Hannover
Druck: Mohndruck, Graphische Betriebe GmbH, Gütersloh

Printed in Germany

Buch-Nr. 06927 8

Inhaltsverzeichnis

Für viele Menschen beginnt das nächste Weihnachtsfest bereits im Januar, weil im Winterschlußverkauf manch teures Stück preiswert zu haben ist – genau das richtige Weihnachtsgeschenk für Gisela oder Walter! Viele selbstgestrickte Pullover haben Masche für Masche im Strandkorb das Licht der Welt erblickt und landen, genau wie Mitbringsel von Ferienreisen, erst am Heiligen Abend auf dem Gabentisch. Mich hat es nie gestört, wenn ich am sonnigsten aller Sommertage eine Muschel am Strand fand und sofort daran dachte, daß die Muschel vergoldet oder versilbert ein Prachtstück in der Weihnachtsdekoration sein wird. Dieses Fest steckt mehr oder weniger das ganze Jahr hindurch in unserem Bewußtsein. Und spätestens ab September ist die Weihnachtszeit in unserem täglichen Leben ein Dreh- und Angelpunkt, denn größere Anschaffungen oder Handwerkerarbeiten, Familienbesuche oder geplante Reisen werfen immer wieder die gleiche Frage auf: Machen wir das erst nach Weihnachten oder schon vor Weihnachten?

Wie schön, wenn es dann endlich richtig losgeht! Zum Beispiel ab dem 11. Dezember, dem Martinstag, wenn der Gänsebraten besonders gut schmeckt, wenn Weihnachtsausstellungen oder Konzerte mit Adventsmusik locken. Sich einstimmen auf die Weihnachtszeit ist eine ganz persönliche Sache. Der eine freut sich auf das Weihnachtsgeld und die vielen arbeitsfreien Tage, der andere will Weihnachten feiern „bis die Schwarte kracht“, wie Susanne sagt. Was auch immer die Gemüter bewegt, keiner kann sich dem Trubel oder Zauber dieser Zeit ganz entziehen.

Für Erwachsene, die sich auf das Fest freuen, rauscht die Adventszeit viel zu schnell vorbei, für die Kinder schleichen die Tage wie Schnecken dahin. Hier gilt es, die Vorfreude in richtige Bahnen zu lenken, dazu soll dieses Buch mit beitragen. Ich wünsche mir, daß Sie sich und anderen schöne Feiertage bereiten; daß Sie Freude daran haben, vergessene Bräuche zu entdecken und neue Ideen zu gewinnen, die aus uralter Tradition kommen.

Ihre Ilse Döring

Ilse Döring

1. KAPITEL

ADVENT...

...noch 24 Tage bis Weihnachten

GUTEN TAG, ADVENT

Advent ist lateinisch (adventus) und bedeutet Ankunft. Es ist die Zeit der Vorbereitung und Erwartung auf Christi Geburt. Viel älter als der christliche Adventsbrauch ist der heidnische Zauber, mit Licht und Feuer und Grün in dieser dunklen Zeit die bösen Geister zu vertreiben, die Fruchtbarkeit zu fördern und in die Zukunft blicken zu können.

Aufgepaßt: Der Traum in der Nacht auf den ersten Adventssonntag geht in Erfüllung!

Türschmuck
Mit einer Tannengirlande, roten Bändchen und kleinen Nikoläusen ist die Wohnungstür eingerahmt. Am Kreuz baumeln Weihnachtsschmuck und rote Päckchen – es können auch 24 Schachteln sein, die als Adventskalender herausgeputzt werden. Bestecken Sie diese festliche Tür mit den Weihnachtskarten, die im Laufe der Adventszeit ankommen. Symbolhaftes Motto: Herzlich willkommen!

Der Advent klopft an

So heißt es bei uns alle Jahre wieder, wenn der November zu Ende geht. Mit Hans und Ina geht es raus in den Wald. Manchmal kommen auch Freunde mit. Draußen riecht es gut nach feuchter Erde; es ist leise im Wald, wir hören Äste knacken und einzelne Vogelstimmen – und die klare frische Luft tut uns so gut. Mal balancieren wir auf Baumstämmen, mal hüpfen wir auf einem Bein um die Wette, zwischendurch werden die mitgebrachten Brote gegessen und Malventee aus der Thermoskanne getrunken.

Aber die Hauptsache sind die Fundstücke für unsere Adventsdekoration. Im Wald und an Feldrainen finden wir:

Tannen- und Kiefernzweige, Fichtenäste, bezapfte Lärchenzweige, bräunlichrotes Hagebuttengeäst, Kiefernzapfen, bemooste Zweige, Vogelbeeräste, Ahorn- und Eichenblätter. Zu Hause wird das Gesammelte auf Zeitungspapier getrocknet.

Am nächsten Tag kaufe ich zwei große Bündel Fichten (die Fundstücke aus dem Wald reichen nie und nimmer für einen Adventskranz), Blumendraht und dicken Paketdraht.

Zuerst wickele ich den Blumendraht auf einen kräftigen Holzstab, dann läßt er sich später leichter abspulen und festziehen. Der starke Draht wird zu einem Ring gebogen. Und dann reichen mir die Kinder die Fichtenzweige zu: Je drei Zweige lege ich um den Drahtring und umwickle sie mit Blumendraht. Die nächsten drei Zweige lege ich jeweils so, daß sie den drahtumwundenen Teil mit ihren Spitzen verdecken. Ganz ordentlich und dicht an dicht müssen die Zweige liegen. Denn unser Adventskranz soll üppig und buschig aussehen. Mit der Zange knipse ich zum Schluß den Draht ab und verhake das Ende unter die ersten Schlaufen.

Fundstücke
Der größte Teil unserer Fundstücke wird trokken in einen bauchigen Weidenkorb gestellt und so lange zurechtgezupft, bis alle zufrieden sind. Aber keiner darf danach an diesem Korb wackeln, sonst purzeln die Kiefernzapfen aus dem Gesteck. (Foto rechts.)

Und jedesmal wird neu entschieden: mit Kerzen oder ohne? Manchmal stecken wir vier Kerzenhalter in den Kranz hinein, aber manchmal wir der Kranz auch auf ein Tablett gelegt und nur eine dicke weiße Kerze in die Mitte gestellt.

Wie soll der Kranz geschmückt werden? Jedes Jahr wieder ein Grund zu hitzigen Diskussionen. Mit roten, blauen, rosa oder weißen Bändern, mit gelackten Äpfeln oder Glaskugeln, mit Trockenblumen, Engelshaar oder eßbaren Kometen? Wird die Debatte zu laut, klopft einer von uns energisch auf den Tisch. Dann lachen wir alle und sagen: Der Advent klopft an.

DER ADVENTSKRANZ IST NOCH GANZ JUNG

Erst um die Jahrhundertwende wurde es Brauch, einen Adventskranz zu schmücken und im Zimmer aufzuhängen oder auf den Tisch zu stellen. Die erste Schilderung dieser neuen Sitte stammt aus Hamburg von dem evangelischen Theologen und Erzieher Johann Hinrich Wichern. Schon lange vor dem Adventskranz gab es viele verschiedene Arten von Weihnachtsgestellen, die mit Tannengrün, Äpfeln und Bändern geschmückt wurden; es gab Lichterpyramiden, Lichterkronen und sogenannte Adonisgärtlein – das waren in einem Teller ausgesäte und sprießende Gerstenkörner. Ob Tannen oder Buchsbaum, etwas Grünes gehörte immer dazu, selbst wenn es nur ein Zweiglein war: Grün war und ist das Sinnbild für die Hoffnung.

Sechs Ideen für den heutigen Adventskranz

Schillernd

In allen Regenbogenfarben schimmert dieser Kranz aus Buchsbaum, bei dem zwei Meter schillerndes Cellophanpapier mitverarbeitet wurde. Verschieden große Glaskugeln, Kugelsträuße und zwölf pastellfarbene Kerzen lassen dieses Kunstwerk strahlen. Die Kerzen nicht zu nah an das Papier stecken. Brandgefahr!

Rosa

Kerzen und breites Tüllband in Rosa geben einen schönen Kontrast zur blauen Tanne. Mit rosa angehauchten Blüten, Ranken und Kugeln ist der Adventskranz verschwenderisch besteckt.

3

Grünweiß

Dieser klassisch schlichte Adventskranz braucht einen ganzen Tisch für sich allein. Zwölf weiße Kerzen, große Sternenkekse aus Honigkuchenteig und viele Glückspilze schmücken den Kranz, der gut zu einer großen Familie paßt.
Statt Kerzenhalter: Die Kerzen auf erhitzten, dicken Draht spießen und in den Adventskranz stecken.

4 Gold

Geschmückt mit goldenen Schleifen, dicken rosa Kerzen und Papierblumen ist der schlichte Strohkranz auf dem Tischständer. In der Mitte steht gelassen ein Weihnachtsmann. Rundherum jubelt ein Engelschor aus Oblaten (die auch Glanzbilder oder Albumbilder heißen). Rückenstärkung bekommen die Oblaten durch angeklebte Zahnstocher.

5 Grün

Aus Tannen- und Lärchenzweigen, Kiefernzapfen, Buchsbaum, Winterheide, Ilex und Christrosen ist dieser Kranz gewunden. Ganz wichtig: Blütenstengel und auch Zapfen am unteren Ende mit Blumendraht umwickeln. So verstärkt halten sie die Balance im Kranz.

6 **Rotgrün**

Nur die Zimtsterne auf dem Tannenkranz sind zum Essen! Palme, Kirche, Wickelkind, Ochs und Esel, Schaf, Stern und Engel bestehen aus bemaltem Pappmaché.

Material: Zeitungspapier, heißes Wasser, 2 kleine Plastikschüsseln, Tapetenkleister, Schneidemesser (Cutter), Zwirn und Alufolie. Für die Grundformen eine große Packung Keramiplast. Zum Bemalen: Tempera- oder Plakafarbe in Weiß, Braun, Gelb, Blau, Violett, Rosa, Grün und Dunkelgrün; Haarpinsel in verschiedenen Stärken und Klarlack aus der Sprühdose.

Grundform: Je eine Modellform von dem Engel, der Sternschnuppe, der Palme, der Kirche, dem Rind, dem Schaf, dem Esel und dem Wickelkind aus Keramiplast modellieren. Die Figuren sind durchschnittlich 10 x 6 cm groß und müssen ca. 24 Stunden lang trocknen. Die einzelnen Formen in Alufolie einwickeln, dabei die Folie glatt andrücken, damit die Form gut sichtbar wird. Diese Grundformen können dann beliebig oft wiederverwendet werden.

Pappmaché: Das Zeitungspapier in schmale Streifen reißen und den Tapetenkleister anrühren. Die erste Papierstreifenschicht durch heißes Wasser ziehen und ohne Kleister kreuz und quer um die Grundform legen. Alle weiteren Streifen zusätzlich mit Kleister einstreichen und Schicht auf Schicht bis zu einer 2–3 mm starken Gesamtschicht um die Form wickeln, dabei die Streifen gut andrücken und evtl. Falten sofort glattstreichen. (Gerissenes Zeitungspapier saugt die Feuchtigkeit schneller auf und läßt die Ansätze besser ineinander übergehen als geschnittenes). Die Pappmachéschicht gut trocknen lassen. Mit einem scharfen Messer die miteinander verklebten Papierschichten vorsichtig in zwei saubere Hälften schneiden. Die Grundform herausnehmen und die Hälften mit einem Klebestreifen wieder zusammenkleben. Dabei einen Zwirnsfaden als Aufhänger dazwischenschieben. Zuerst die Pappmachéfiguren mit weißer Farbe grundieren, danach bunt anmalen und mit Klarlack übersprühen.

EXTRABREITER NIKOLAUS

Ohne Adventskalender geht im Advent gar nichts! Hier finden Sie einige Prachtexemplare zum Basteln, Schneidern und Backen. Den Anfang macht dieser Nikolaus. Fertiggenäht ist er siebenundsiebzig Zentimeter lang und zweiundsechzig Zentimeter breit. Kleine Geschenke, bunt verpackt, hängen an Ringen ausnahmsweise mal außen am Gabensack.

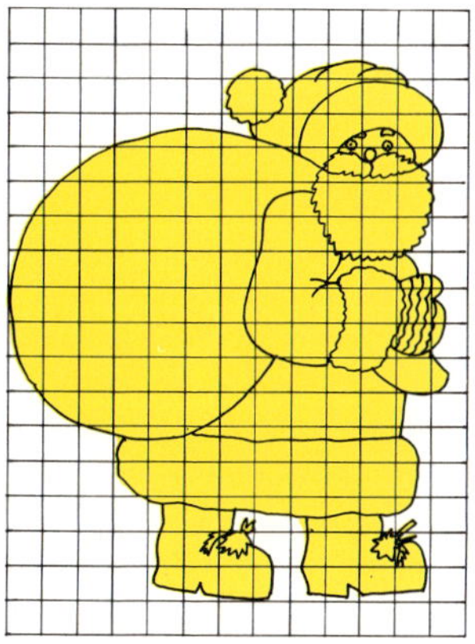

Nähanleitung

Material: 150 cm roter Satin und je 20 cm schwarzer und hautfb. Satin; 100 cm brauner Rupfen, alle 90 cm breit; zwei verschiedene Sorten Webpelz in Naturweiß; verschiedenfarbene Wollreste gleicher Stärke; Blumendraht und Zauberwatte; außerdem bunte sternenförmige Fassonflitter, 0,9 cm ∅; kleine Perlen, 1 Sticknadel, Geschenkpapier, selbstklebende rote Zahlen, Ringe, Geschenkband und Zackenlitze.

Muster anfertigen: Ein Stück Papier (80 x 65 cm groß) in 5 cm große Kästchen einteilen. Alle Linien der Zeichnung sorgfältig in diese Kästchen übertragen. Die Stiefel ausschneiden. Rucksack, Blenden, Gesicht, Bart und Ärmel extra herauskopieren.

Zuschneiden: Den Nikolaus, alle Blenden, den Rucksack, den Ärmel und die Stiefel 2mal plus Nahtzugabe zuschneiden.

Nähen: Den Rumpf, den Rucksack, die Stiefel und den Ärmel mit den doppelten Teilen verstürzen und mit Zauberwatte füllen. Die Blenden (ohne Zauberwatte) verstürzen. Auf das Gesicht zuerst Augen, Mund und Nase aufkanteln, danach den Rand einschlagen und aufsteppen. Den Bart und die Augenbrauen aufnähen. Vorher noch das Sackende unter den Bart schieben. Den Satinärmel und den Rucksack mit der Hand festnähen. Eine gestreifte Handschuhhälfte stricken und aufnähen. Auf die Oberseite der Pelzblenden bunte Fassonflitter mit je einer kleinen Perle verstreut aufsticken.

Danach die Blenden auf den Nikolaus mit der Hand aufnähen. An die Kapuzenspitze einen Pompon nähen. Zackenlitze zur Schleife binden und auf die Stiefel nähen. Danach die Stiefel unter dem Mantelsaum befestigen. Damit die Kanten am Kopf Halt bekommen, wird zusätzlich Draht eingenäht.

GLITZERT, GLÄNZT, PRUNKT UND SCHIMMERT

Lassen Sie sich von diesem Prachtexemplar eines Adventskalenders anregen, und sticheln, basteln, nähen, malen Sie sich einen ganz persönlichen Märchenkalender. Gebraucht werden: Phantasie, Pailletten, Perlen, Stickgarn in Gold und Silber, filigraner Tannenbaumschmuck, Glitzerpaste – und Geduld.

HIMMEL AUS TÜLL UND SEIDE

Mit weißen Wolken und genau 24 Engeln bestückt, ist dieser Vorhanghimmel für ein Fenster oder eine Wand. In den Flügeln steckt je ein Bonbon. Ina findet Münzen viel interessanter, Hans dagegen Glaskugeln. Jedes Jahr das gleiche Theater! Ab jetzt werde ich die Flügelbeutel mit einer bunten Mischung bestücken: mal mit Bonbons, mal mit Geldstücken, mal mit Glasmurmeln, Muscheln, Weihnachtsgedichten, Nüssen, Minikerzen und anderen winzigen Kinderfreuden.

Der Himmel besteht aus einem Stück (53 x 76 cm) hellgrauer Seide. Die Seiten säumen, oben und unten einen offenen Umschlag für Holzleisten einarbeiten. Aufhänger annähen. Für die 24 Engel farblich zueinander passende Stoffreste, für Flügel und Wolken verschiedene Tüllspitzen zusammensuchen. Je einen Papierschnitt für Engel, Wolken und Sterne in Originalgröße anfertigen und alles danach zuschneiden. Auf den Untergrund feststecken, heften und mit engem Zickzackstich aufnähen. Die Flügel oben offenlassen. Zahlen mit Stoffarbe und Schablone aufmalen, Holzleisten einschieben.

24 SÜSSE GRÜSSE

Zuerst kommen ein Tablett (oder ein Karton), darüber Glaspapier, goldene Spitze und 24 kleine Kuchen (Petit fours). Über diesen Adventskalender freuen sich selbst die Leute, die sonst den Advent als Klimbim abtun. Allein die Überlegung, daß der Beschenkte vierundzwanzig Morgen hintereinander meiner gedenken wird, beflügelt alle Jahre wieder meine Backlust.

Rezept für kleine Kuchen

4 Eier,
175 g Zucker,
1 Päckchen Vanillinzucker,
75 g Mehl,
100 g Speisestärke,
1 ½ Teel. Backpulver,
150 g abgeschälte gemahlene Mandeln.
Füllung:
100 g Nußnougatcreme,
4 Eßl. Johannisbeergelee,
200 g Marzipanrohmasse,
150 g Puderzucker.

Verzierung:
500 g Fondantmasse, eine Packung Speisefarbe mit den Grundfarben Rot, Blau, Gelb und Grün, Zuckerblümchen, bunte Zuckerstreusel, bunte Zuckerperlen.

Für den Teig Eiweiß zu steifem Schnee schlagen, Zucker und Vanillinzucker unter ständigem Rühren einrieseln lassen. Eigelb unterheben. Mehl, Speisestärke und Backpulver darübersieben, Mandeln zufügen. Unter die Eiermasse ziehen. Den Teig auf ein mit Backtrennpapier ausgelegtes Backblech streichen. In den kalten Backofen schieben, auf 175 Grad/Gas Stufe 2 schalten und 20 Minuten backen. Teigplatte auf ein Küchentuch stürzen und das Backtrennpapier abziehen. Abkühlen lassen.

Zum Füllen die Platte halbieren. Eine Hälfte mit Nußnougatcreme bestreichen, die zweite Hälfte darauflegen. Die Oberfläche mit glattgerührtem Johannisbeergelee bestreichen. Marzipanrohmasse mit Puderzucker verkneten. Auf Klarsichtfolie in der Größe der Platte ausrollen, auf die bestrichene Oberfläche legen und leicht andrücken. Zwölf Quadrate von etwa vier mal vier Zentimeter ausschneiden. An einem Lineal entlang vier Zentimeter breite Streifen abschneiden, vom Streifen vier Zentimeter lange Stücke abschneiden. Aus dem restlichen Teig mit einer Ausstechform oder einem Glas zwölf Kreise von etwa vier Zentimeter Durchmesser ausstechen.

Zum Überziehen die Fondantmasse in fünf Portionen teilen (vorher zwei Eßlöffel für die Zahlen abnehmen).

Jede Portion in einer Tasse im heißen Wasserbad mit etwa zwei Teelöffel Wasser glattrühren, bis der Fondant eine sirupartige Beschaffenheit hat. Die Fondantmasse nicht zu lange im Wasserbad stehenlassen: sie darf nicht wärmer als gut handwarm werden.

Die Fondantportionen mit Speisefarbe gelb, grün, hellblau, rosa und zartlila färben. Dafür je einen Tropfen Speisefarbe mit etwas Wasser mischen. Diese Mischung tropfenweise unter die Fondantmasse rühren, bis der gewünschte Farbton erreicht ist. Für kräftigere Farben die Speisefarbe unverdünnt in die Fondantmasse geben.

WEISSES WINTERWUNDER

Mit Weihnachtskarten, Glitzersternen, Oblaten, prächtigen Schleifen, Papierrosen, Päckchen und anderem weihnachtlichen Krimskrams ist diese weiße Pinnwand herausgeputzt. Als Grundlage dient Spitze, die mit einem festen Stoff unterlegt ist. Spitze und Stoff oben um einen Stab nähen. Nach Weihnachten wird die Pinnwand abgeräumt, zusammengerollt und bis zum nächsten Fest aufbewahrt.

Die Kuchen mit der Fondantmasse überziehen. Dafür die kleinen Kuchen zwischen Daumen und Zeigefinger festhalten. Fondantmasse mit einem Teelöffel über die Seiten gießen. Kuchen auf ein Gitter stellen und die Oberfläche überziehen. Die zurückbehaltene weiße Fondantmasse erwärmen, mit einigen Tropfen Wasser verdünnen und in einen Folienbeutel füllen. Von der Spitze eine winzige Ecke abschneiden. Die Zahlen von 1 bis 23 aufspritzen. Die 24 mit restlichem roten Fondant spritzen. Die kleinen Kuchen nach Belieben verzieren. Dafür Zuckerperlen, Streusel und Blümchen mit restlicher Fondantmasse aufkleben. Trocknen lassen. Die Küchlein in Papiermanschetten setzen und in einem hübschen Kasten verpacken.

DIESES HAUS IST SEHR MOBIL

Denn jedes Jahr wird es wieder ausgepackt, gelüftet und mit Gaben neu bestückt. Viele, viele kleingemusterte Stoffreste brauchen Sie für das Traumhaus; am schönsten sind alle Rottöne, vom sanften Rosa bis zu Violett.

Nähanleitung

Material: 9 bis 10 verschiedenfarbene, gemusterte Baumwollstoffreste; 50 cm Schaumstoffvlies, 80 bis 90 cm breit; 1 Docke weißer Sticktwist und 2 Ringe zum Aufhängen.
Muster zeichnen: Ein Stück Papier (80 x 55 cm groß) in 5 cm große Kästchen einteilen. Alle Linien von der Zeichnung in diese Kästchen übertragen und das Haus ausschneiden.
Zuschneiden: Vorder- und Rückseite aus den großen Stoffresten plus 2 cm breiten Nahtzugaben zuschneiden. Das Haus ebenfalls aus Schaumstoffvlies zuschneiden. Von den verschieden großen Fenstern je 1 Schablone anfertigen und alle Fenster aus dem roten und dem rotweiß karierten Stoff mit 1 cm breiter Nahtzugabe zuschneiden. Dach, Dachblende, Treppe, Sockel, Tür und Schornstein aus den übrigen Resten plus Nahtzugaben zuschneiden.

Nähen: Den Schaumstoff unter den Oberstoff stecken. Danach die Dachblende, das Dach, die Treppe, die große Tür und den Sockel auf den Stoff legen und mit Geradstich in den markierten Schnittlinien feststeppen. Die überstehenden Nahtzugaben bis zur Stepplinie wegschneiden und die Kanten mit Zickzackstichen überkanteln, siehe kleine Zeichnung rechts.
Fenster: Die roten und karierten Stoffteile nur an den oberen Kanten miteinander verstürzen und bügeln. Die Rechtecke aus den roten Teilen ausschneiden, schmale Streifen als Fensterkreuze einschieben und mit Zickzackstichen feststeppen. Die Zahlen von 1 bis 23 im Plattstich aufsticken, die Fenster auf das Haus steppen und die Schnittkanten überkanteln.
Die Tür: Die Türflügel doppeln, mit Einlage polstern, verstürzen und durchsteppen. Die Zahl 24 aufsticken, beide Flügel mit Haken und Ösen schließen und die Türseiten mit der Hand auf die große Tür nähen. Nun das Haus mit der Rückseite verstürzen. Zwei Schornsteine arbeiten und aufnähen. Zum Aufhängen Ringe an der Rückwand befestigen.

1
5
6
2
9
18
15
22
11
21
13
7
17
14
16
23
19
12
20
10
3
8
24

BARBARAZWEIGE

Am 4. Dezember, dem Barbaratag, können Sie Zweige von Obstbäumen, von Forsythiensträuchern und Fliederbäumen schneiden. Wenn sie in einen breiten Krug mit lauwarmem Wasser gestellt werden, blühen sie über die Festtage hinaus. Wechseln Sie gelegentlich das Wasser, versorgen Sie die Zweige mit Schnittblumendünger, und gönnen Sie ihnen öfter eine leichte Dusche mit dem Wasserzerstäuber.

Die heilige Barbara wird mit den blühenden Zweigen in Verbindung gebracht. Vielleicht durch den uralten Brauch, seine Lieben mit grünen Zweigen zu „pfeffern", leicht zu schlagen, damit sie gesund bleiben. In Süddeutschland und Österreich ein Brauch, der meist am 26. Dezember, dem Pfefferleinstag (St. Stephan), gepflegt wurde.

Barbara starb als Christin etwa 306 den Märtyrertod. Sie ist Schutzpatronin der Artillerie und der Bergleute; sie gehört zu den 14 Nothelfern und schützt gegen den Blitz.

Wer die Barbarazweige gern traditionell schneiden will, sollte es entweder vor Sonnenaufgang oder am Abend gegen 18 Uhr machen.

6. DEZEMBER: NIKOLAUSTAG

An diesem besonderen Tag klingelt bei uns nicht der Wecker. Ina und Hans werden mit dem Nikolauslied geweckt. Sie flitzen so flink wie sonst nie aus ihren Betten und untersuchen den Inhalt ihrer Schuhe, die sie am 5. Dezember mit Inbrunst auf Hochglanz geputzt und vor die Tür gestellt haben. Immer noch großes Erstaunen darüber, daß nur jeder linke Schuh gefüllt ist und daß sich diese linken Schuhe wieder einmal auf der Fensterbank befinden. Dieser Nikolaus (kleiner Triumph in der Stimme), er läßt sich nicht erziehen, wo doch bei uns Schuhe auf der Fensterbank nichts zu suchen haben!

Laßt uns froh und
munter sein…
und uns in dem Herrn
erfreun.
Lustig, lustig traleralera
bald ist
Nikolausabend da,
bald ist
Nikolausabend da.

Nur kleine Geschenke

Wunschzettel für den Nikolaus gibt es bei uns nicht. Kleine Gaben finden Hans und Ina in ihren Schuhen. Zum Beispiel: Buntstifte, einen Kalender, kleine Spielkarten, einen Notizblock, ein kleines selbstgemachtes Puzzle, einen marmorierten Bleistift, ein Geduldspiel, einen Radiergummi, ein goldenes Teelicht, ein Säckchen Perlen, ein Markstück, Nüsse, einen kleinen Ball, ein Taschentuch, Püppchen, eine Fußballerpostkarte, einen Glitzerstern, eine Geschichtenkassette, bengalische Streichhölzer, einen Kamm, Goldpapier zum Basteln und, und, und. Obligatorisch bei uns ist immer eine Ecke Schmelzkäse für Ina und eine exotisch aussehende Briefmarke für Hans.

Der historische Nikolaus soll um das Jahr 300 nach Christus im Land Lykien, in der Stadt Patara, geboren sein. Lykien bedeutete im Altertum Kleinasien, die nach Westen vorspringende Halbinsel zwischen dem Ägäischen Meer, dem Schwarzen Meer und dem östlichen Mittelmeer. Heute heißt diese Landschaft Anatolien. Und heute würde man sagen, Nikolaus ist ein Türke!

Viele Wohl- und Wundertaten werden dem Nikolaus zugeschrieben, wie fromme Legenden berichten. Ein besonders großes Herz soll er für Kinder gehabt haben. Die schönste Geschichte, die von ihm erzählt wird: Nikolaus hat einem armen Edelmann nachts dreimal Goldklumpen durchs Fenster geworfen. So brauchte der Edelmann seine drei Töchter nicht zu verkaufen, sondern konnte ihnen eine Aussteuer mitgeben und sie standesgemäß verheiraten.

Nikolaus wurde später Bischof von Myra (heute Demre) und ein Heiliger der byzantinischen Kirche. Besonders verehrt wird er heute noch im russischen und griechischen Glauben. Nikolaus ist nicht nur Schutzpatron der Kinder und Jungfrauen. Auch die Apotheker, Advokaten, Schlachter, Bäcker, Bierbrauer, Schreiber, alle Schüler und Seeleute beanspruchen ihn als Schutzheiligen. Ebenso die Pfandleiher, deren Zunftzeichen drei goldene Kugeln sind: als Sinnbild für die Goldklumpen, die den drei Jungfrauen eine Mitgift und die Heirat ermöglichten.

Der 6. Dezember ist der Namenstag vom Nikolaus – und alle Jahre wieder ein Festtag für die Kinder. Der Nikolaus füllt Teller und Schuhe mit kleinen Geschenken. Meist heimlich in der Nacht, wenn die Kinder schlafen. Steht er aber mal leibhaftig da, mit Rauschebart und Gabensack, dann kommt er manchmal in argen Verruf, besonders bei den Psychologen. Warum? Weil er angeblich Strafpredigten hält und die berüchtigte Rute schwingt. Aber nicht der Nikolaus ist der Kinderschreck, dem man das Böse in die Schuhe schieben will, sondern Knecht Ruprecht. Die Figur des Knecht Ruprecht ist heidnischen Ursprungs und dem gütigen Nikolaus nur als Begleiter beigegeben. Knecht Ruprecht ereilte das gleiche Schicksal so vieler heidnischer Gestalten und Bräuche: sie bekamen einfach ein christliches Etikett. Letztlich symbolisieren Nikolaus und Knecht Ruprecht die ewige Einheit von Gut und Böse.

Passend zur Rute und zum Sack, in dem angeblich die bösen Buben beiseite geschafft werden, sind die verschiedenen Namen von Knecht Ruprecht:

Schmutzli heißt er in der Schweiz, Krampus in Österreich, Hans Muff im Rheinland. Auch Belzenruppert, Butterklas, Pelzmärtel, Aschenklas wird er genannt.

Mal kommt der Nikolaus am 6. Dezember als Weihnachtsmann daher, mal als Heiliger mit Bischofsstab und Mitra auf dem Kopf. Am Heiligen Abend jedenfalls erscheint im nördlichen Teil unseres Landes der Weihnachtsmann, im Süden das Christkind.

NIKOLAUSSTIEFEL ZUM VERSCHENKEN

Aus süßem Lebkuchenteig gebacken ist der eßbare, wildwestliche Nikolausstiefel, verziert mit Tannengrün, Zuckerperlen und Keksen. Glasur und die Verzierungen werden so schön kitschig rosa durch Fruchtsirup, mit dem die Zuckergußmasse eingefärbt ist.

Jedes Stiefelchen aus Plastik ist nur 15 Zentimeter hoch. Der linke Stiefel ist mit Lametta und Süßigkeiten gefüllt, der rechte mit Kerzengranulat. Der Docht wird einfach hineingesteckt und – wenn er abgebrannt ist – durch einen neuen ersetzt. Keine Bange: Der Stiefel verträgt die Hitze.

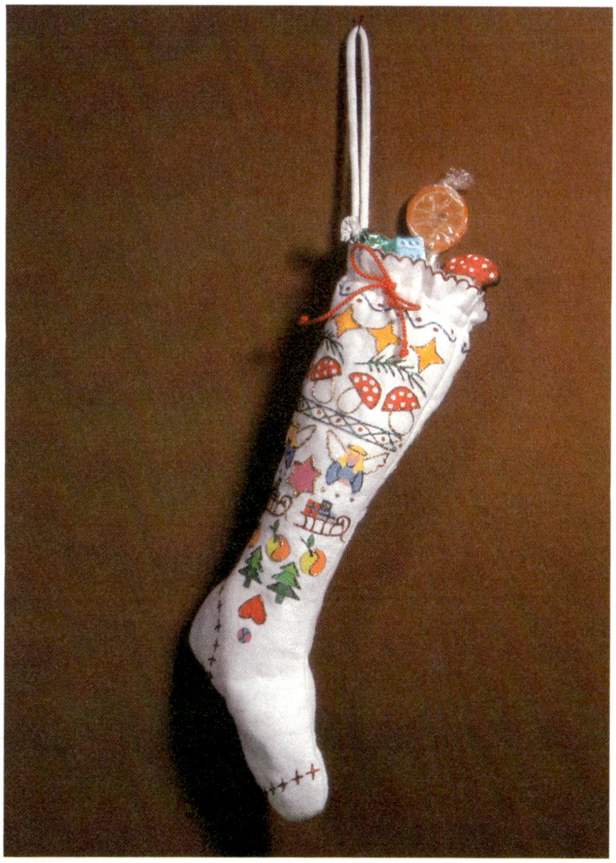

Selbstgestrickt und bestickt ist der Nikolausstrumpf. Sie können nicht stricken? Kaufen Sie ein Paar Kniestrümpfe! Prall gefüllt und oben zugebunden, mit Weihnachtsschmuck verziert – so haben Sie ein Adventsmitbringsel mit Nutzwert.

Aus Sackleinen, Spitze und Satin sind diese drei Stiefel gearbeitet, die zum Nachmachen anregen sollen. Es kommt nicht darauf an, ganz genau zu sticheln. Schustern Sie Ihren Adventsstiefel nach eigenem Geschmack und Talent. Ein bißchen kommt es auf die Füllung an – am meisten auf die Zeit und Liebe, mit der Sie Ihr weihnachtliches Handwerk betreiben.

Mit Glitzerstreifen aufgemalt sind die Motive, die nach kunstvoller Stickerei aussehen. Solche und ähnliche Filzstiefel gibt es in Warenhäusern zu kaufen.

Nußschalenflotte

2. KAPITEL

WEIHNACHTLICHE HANDARBEITEN ...

... für mich und andere Leute

ADVENTSZEIT, MERKWÜRDIGE ZEIT

Auch wer das ganze Jahr über weder bastelt, tischlert, strickt, häkelt, knüpft, malt, töpfert, näht, batikt oder was-es-sonst-noch-alles-gibt, hat in diesen 24 Tagen mit irgendeiner Handarbeit zu tun. Entweder ist eine Puppenstube anzustreichen, oder Puppen müssen neu eingekleidet werden, ein Geschenk soll eine unverwechselbare Verpackung haben oder eine schlichte Einladungskarte braucht eine Verzierung. Eines steht fest: Buntes Papier, Weihnachtspostkarten, Glitzerfolien, Nußschalen, Stickgarn, Wollknäuel, Stoffreste, Perlen, Lametta und Engelshaar, der ganze herrliche Weihnachtskrimskrams hat einen besonderen Reiz. Und der Reiz heißt: Daraus muß doch etwas zu machen sein!

Und es ist auch etwas daraus zu machen. Wichtig ist Phantasie – und der Vorsatz: Es muß nicht perfekt sein. Zum Beispiel die

Girlande

Sie glänzt und schimmert, schmückt Adventskränze und Tannenbäume, Fenster und Wände. Die Girlande besteht aus ineinandergeklebten Ringen aus Metallfolie, die zwei verschiedenfarbige Seiten hat. Hier haben wir die Ringe zu einem dichten Vorhang auf ein Rundholz geschoben und vor ein Fenster gehängt.

Nußschalenflotte

Halbe Nußschalen tragen Sternenbanner, Masten aus Streichhölzern und Segel aus Goldfolie. Aufrecht gehalten wird die gesamte Takelage mit Hilfe von Wachs oder Haftplast. Die Besatzung besteht aus winzigen Oblatenfiguren und kleinen Pappkameraden (Foto Seite 36/37).

MÄDCHEN IM MOND

Es sitzt auf dem Halbmond und schwebt zwischen den Sternen. Eine schöne Stickarbeit, die im goldenen Rahmen besonders gut zur Geltung kommt. Bildgröße 11 x 11 cm.
Das Motiv mit Bleistift auf Transparentpapier durchzeichnen. Das Papier auf den Stoff legen, Kopierpapier dazwischenschieben und alle Linien sorgfältig mit einem Kugelschreiber nachziehen. Den Stoff mit Fixativspray besprühen (damit die Linien beim Sticken nicht verwischen) und in den Stickrahmen spannen. Den Sticktwist mit geteiltem Faden (2fädig) verarbeiten, d.h. die Bergsilhouette in Hellblau,

Material:
35 x 35 cm weißes Leinen,
je eine Docke Sticktwist in Hellblau, Blau, Pink, Rosa und Beige sowie eine Docke in Silber und zwei Docken in Gold,
Transparentpapier,
Kopierpapier,
Fixativspray,
einen Stickrahmen.

das Kleid in Blau, Gesicht, Arme und Fuß in Rosa, die Haare in Beige im ineinandergreifenden Plattstich aussticken. Die Augen in Blau, den Mund in Pink im Knötchenstich arbeiten. Die Sterne im Kleid mit Spannstichen in Pink sticken. Den Mond im Plattstich und die äußere Umrahmung im Stielstich in Gold arbeiten. Den großen Stern und den Flügel im Plattstich, die kleineren Sterne im Spannstich in Silber sticken. Den Stoff von links vorsichtig dämpfen, über eine Pappe spannen und rahmen (lassen).

Pflaumenherr

Hut und Kittel sind aus Geschenkpapier geschnitten, Füße und Hals mit Schleifen herausgeputzt. Der Pflaumenherr selbst entsteht so: entsteinte Backpflaumen auf biegsamen Draht aufziehen. Für die Arme und Beine je vier Drähte am Hals zusammendrehen, als Kopf eine Walnuß mit aufgemaltem Gesicht daraufstecken.

WEIHNACHTSDECKE

Sie besteht aus insgesamt 35 Weihnachtsmann-Oblatenbögen, die in einer Klarsichthülle eingenäht sind. Statt der Weihnachtsmänner können Sie auch andere Motive in Papiergeschäften kaufen: Engel, Blumen, Tannenbäume, Märchenfiguren, Tiere.

Material:
2,50 m Klarsichtfolie, 120 cm breit, 35 Oblatenbögen, 24 x 16 cm groß, rotes Nähgarn und Klebstoff (wir haben Oblatenbögen mit 17 kleinen und 18 großen Weihnachtsmännerköpfen genommen). Die Decke ist 125 x 120 cm groß. Die Klarsichtfolie halbieren und auf die untere Schicht abwechselnd große und kleine Weihnachtsmännerköpfe mit 1 cm großen Zwischenräumen legen. Die Bogen pünktchenweise festkleben, damit sie nicht verrutschen. Danach die zweite Schicht Klarsichtfolie darüberlegen und beide Schichten rundherum und in den Zwischenräumen (längs und quer) durchsteppen. Tip: Beim Steppen der mittleren Bahnen die Klarsichtfolie vom Außenrand her einrollen, damit sie gut unter den Nähmaschinenarm paßt.

Weihnachtspostkarten

sind viel zu schade, um nur gelesen zu werden! Zwei schöne Postkarten, die in der Größe zusammenpassen, werden mit Glitzergarn in Knopflochstichen aufeinandergenäht. Den oberen Teil offenlassen. So entsteht eine Tasche: für ein Spitzentuch, einen Brief oder andere flache Kleinigkeiten. Die Kordel zum Aufhängen wird angehäkelt.

PERLENKÖNIGE

Die Heiligen Drei Könige sind aus vielen bunten Glas-, Holz-, Wachsperlen, geschliffenen Perlen, Stiften und Pailletten in unterschiedlichen Größen gearbeitet.
Untergrund ist ein 25 x 30 cm großes Stück Roßhaarleinen (gibt's in Geschäften für Schneidereibedarf), die Gesichter bestehen aus einem Rest schwarzem Samt.

Die Figuren in Originalgröße vergrößern (ein Quadrat = 2 x 2 cm) und mit Kopierpapier auf den Stoff übertragen. Zunächst die Köpfe aus dünner Pappe zuschneiden und mit Samt beziehen. Die Köpfe auf den Stoff kleben. Jetzt die Figuren mit den verschiedenen Perlen, Stiften und Pailletten – wie das Foto zeigt – aufsticken.

KERZENKUCHEN

Bunt verzierte Plätzchen und Kringel vorsichtig in der Mitte anbohren, übereinanderlegen und Puppenkerzen hineinstecken. Oder mehrere kleine Kuchen in winzigen Förmchen backen, mit Bonbons bestecken und mit Puppenkerzen dekorieren.

Total talentlos?

Dann können Sie mit Gold und Silber aus der Dose immer noch Papierrosen, Buchsbaumzweige, Artischocken, Plastikfrüchte, Nüsse, Lärchenzweige ansprühen – das ist auch Handarbeit! Oder: Wie wär's mit einem selbst ausgetüftelten Silbenrätsel, auf ein edles Stück Papier geschrieben? In einem Silbenrätsel kann der Beschenkte beim Raten und beim Lösungswort gemeinsame Erlebnisse oder witzige Anspielungen wiederfinden.

3. KAPITEL

ZU HAUSE UND DRAUSSEN…

…es ist jetzt so schön gemütlich zu Hause, und so frisch und klar draußen

BEHAGLICHKEIT BREITET SICH AUS

Nachmittags wird es schon dunkel. Die Abende im Dezember scheinen länger zu sein als in anderen Wintermonaten. Wärme umgibt uns, und Licht. Behaglichkeit breitet sich aus. Anregend ist die adventliche Geheimniskrämerei in der Familie und unter Freunden; schön das Basteln, Malen, Pläneschmieden, Backen, Musikhören, Lesen und Vorlesen. Wir sind alle netter zueinander als an vielen anderen Tagen im Jahr. Das einigende Band heißt Vorfreude, Freude auf Weihnachten. Obgleich ich ganz genau weiß, daß diese Freude keinen sehr frommen Gefühlen entspringt. Denn noch mehr als über das Kind in der Krippe freue ich mich auf die vielen freien Tage, über den Geruch von Vanillehörnchen, der durch die ganze Wohnung zieht, über das Weihnachtsgeld, auf die Geschenke, die ich gebe und bekomme. Ich freue mich über die alten Weihnachtslieder im Radio, das Ausschlafen und Faulenzen an den Festtagen – und darauf, daß ich wenigstens einmal im Jahr ohne schlechtes Gewissen schlemmen kann: mit Gänsebraten, mit Zimtsternen und Plumpudding! Geht es nicht den meisten Menschen ebenso?

Ina und Hans freuen sich auf das Weihnachtsmärchen im Theater und, ganz besonders, auf unser eigenes Theaterprogramm: Wir besprechen und besingen Tonbänder, die wir statt Weihnachtsbriefe an Verwandte und

Freunde verschicken. Ein ungefähres Drehbuch wird vorher festgelegt, dann geht es los: Wir erzählen von unseren Freuden und Sorgen, singen gemeinsam oder einzeln, spielen mal adventliche Lieder ein, mal einen Tango oder Rock 'n' Roll – je nachdem, für wen die Kassette bestimmt ist. Der Einfallsreichtum der Kinder ist enorm; allein ihre Ideen für die Geräuschkulissen: Sie reichen vom aufgenommenen Ticken des Weckers über die Pfeiftöne des Wasserkessels bis zum eigenen Herzschlag. Auch die Kassettenhüllen bekommen einen ganz persönlichen Anstrich. Entweder werden sie mit Glitzer und Sternen, Ornamenten, Oblaten und verfremdeten Postkarten beklebt, mit großen Buchstaben geschmückt oder originell beschriftet.

Holunderpunsch

1 Flasche naturreinen Holundersaft (330 ml)
200 g getrocknete Aprikosen
50 g Rosinen
150 g Kandis
100 g ganze, abgezogene, süße Mandeln
3 unbehandelte Zitronen

Holundersaft zusammen mit 4 Tassen Wasser erhitzen. Die Aprikosen und Rosinen in einem Sieb waschen und abtropfen lassen. Zusammen mit dem Kandiszucker und den Mandeln in den Saft schütten und etwa 8 Minuten sieden lassen. Dabei ab und zu umrühren. Eine halbe Zitrone in dünne Scheiben schneiden, die restlichen zweieinhalb Zitronen auspressen. Alles vor dem Servieren unter den Punsch rühren.

Bei allem Tun spielt auch das Essen und Trinken eine tragende Rolle. Zum Beispiel punschen wir tüchtig.

Ina besteht darauf, daß ich Fliederbeersaft hier hinschreibe statt Holundersaft. Sie sagt auch Kruke zum Tontopf wie ihre Großmutter und findet das Wort Sonnabend schöner als Samstag. Wenn wir diese Worte nicht mehr verwenden, sterben sie aus, meint sie. Also, hier stehen sie nun aufgeschrieben für die nächste Ewigkeit.

Köstlich schmecken Marzipandatteln zum Punsch. Hans halbiert große Datteln und entkernt sie. Fertig gekaufte Marzipanrohmasse verknetet er mit Puderzucker und füllt die Masse anschließend in die Datteln.

Aber die schönste Schwelgerei an den langen Abenden ist und bleibt der Bratapfel. Er duftet und zischt wie anno dazumal auf der heißen Ofenplatte.

Duftet und zischt wie anno dazumal: der Bratapfel

Für vier Personen:
4 mittelgroße, säuerliche Äpfel
80 g Rosinen
80 g Mandelblättchen
80 g weiche Butter
1 El Anis
2 El Zucker
4 El Honig

Bratäpfel mit Honig

Äpfel waschen und trockenreiben.
Das Kerngehäuse herausstechen oder ausschneiden. Die Rosinen in einem Sieb waschen und trockenschwenken. Sie werden mit Mandeln, Butter, Anis und Zucker gemischt. Die Äpfel mit dieser Masse füllen, auf ein Backblech setzen und im Backofen bei 200 Grad/Gas Stufe 3 in 20 bis 25 Minuten braten. Auf Teller legen und über jeden Apfel einen Eßlöffel Honig laufen lassen.
Sofort essen!

SÜSSES MACHT APPETIT AUF SALZIGES

Das gilt besonders für alle Plätzchenbäcker, die nach dem vielen Probieren und Abschmecken wilde Gelüste auf hartgekochte Eier mit Sardinen oder auf Königsberger Klopse mit Kapern haben. Mein Rat: Halten Sie immer herzhafte und salzige Dinge bereit, ehe Sie an die Weihnachtsbäckerei gehen.
Zum Beispiel: Gewürzgurken, Sülzkoteletts, Soleier, Linsensuppe, Wurstsalat, eingelegte Heringe, Frikadellen, Corned beef, Käsewürfel, Schinken, Heringssalat, Kümmelbrot, Tomaten, Gemüse als Rohkost, Zwiebeln, Roastbeef, Fleischbrühe. Nach einem süßen Tag freuen wir uns zum Beispiel auf dieses Gericht:

Sauerkrautkuchen

3 Zwiebeln
3 El ÖL
1 Dose Sauerkraut (550 g Einwaage)
1 Dose gekühlte Frischteig-Sonntagsbrötchen (250 g)
125 g Emmentaler Käse
3 Eier
3 El saure Sahne
100 g Mettwurst
Salz
frisch gemahlener Pfeffer
1/4 Teel. Kümmel

Zwiebelwürfel im heißen Öl glasig dünsten. Sauerkraut bei kleiner Hitze zehn Minuten mitdünsten. Abkühlen lassen. Teigstücke nebeneinanderlegen und an den Rändern zusammendrücken. Eine gefettete Pie- oder Springform (Durchmesser 24 Zentimeter) damit auslegen. Dabei den Teig am Rand etwas hochziehen. Den Käse reiben. Mit den Eiern und saurer Sahne verrühren, unter das Sauerkraut mischen. Die Mettwurst in Streifen schneiden und dazugeben. Mit Salz, Pfeffer und Kümmel würzen. Die Masse gleichmäßig auf dem Teig verteilen. Im heißen Ofen bei 200 Grad / Gas Stufe 3 etwa 35 Minuten backen.

DIE HEIMLICHEN WÜNSCHE

Es ist nicht immer leicht herauszubekommen, worüber sich die Leute wirklich freuen, die wir beschenken wollen. Wir haben deshalb einen Wunschbaum gebastelt, der jedes Jahr wieder im Flur aufgehängt wird. Kind und Kegel und Freunde heften Zettel daran mit Notizen, weisen Sprüchen, Ausrissen aus Zeitungen und Zeitschriften und auch ganz präzis geäußerten Wünschen für das Fest. Das liest sich dann so:

Lieber 'n Zollstock als 'n Zobel – Ein Döschen Kaviar macht nicht fett – Lieber ein Paar Schuhe in der Hand als Stiefel auf dem Dach – Nur wer einen Regenmantel hat, wird nicht naß – Ein Fahrrad ist billiger als ein Flugzeug – Wer Kopfhörer hat, ist kein Störenfried. Oder ganz direkt: Geld hat man nie genug!

Freundin Luise hat mal kategorisch erklärt, was sie sich überhaupt nicht wünscht: „Keine frischen Eßwaren, die man sofort verzehren muß (außer Obst). Keine lebendigen Tiere. Keine Krachmacherdinge für die Kinder (Trommeln, Flöten, Tuten, Knallfrösche). Keine unversiegelten Schallplatten, weil ich die nicht umtauschen kann. Kein Parfüm und keine Hautcreme, weil ich allein weiß, wie ich riechen will".

Der Wunschbaum

Er ist etwa 120 cm hoch und 70 cm breit (die Krone). Den Baum auf dicke Pappe oder auf mit Papier bezogenem dünnem Styropor (Bastelladen) aufzeichnen und mit einem Federmesser ausschneiden. Die Krone mit grünem Autolack besprühen, den Stamm mit braunem Lack. Um die Ränder in den feuchten Lack feinen Glitzer streuen. Die Äpfel am Wunschbaum sind rote Weihnachtskugeln, die mit Pinnwandnadeln festgesteckt werden. Die silbrigen Blätter kann man fertig kaufen. Die Blattrippen mit einem Stift, der auch auf Glas schreibt, nachzeichnen. Den Wunschbaum mit Doppel-Klebeband (Teppichband) an die Tür oder Wand kleben.

KLEINE GESCHENKE

Für Luise und andere nette Menschen, die genau wissen, was sie nicht wollen (oder schon alles, alles haben!), gibt es eine Reihe von kleinen Geschenken, die doch Überraschung auslösen und Freude machen. Sie sollten nur darauf achten, welche Vorlieben diese Leute haben.

Zum Beispiel:

- ☐ Ein Bündel schöner Kerzen
- ☐ Einen Früchtekorb
- ☐ Eine Blüte mit Vase dazu
- ☐ Hübsche Sets und farblich passende Papierservietten
- ☐ Eine Einladung zum Essen oder zum Ausflug
- ☐ Ein Windlicht für den Balkon
- ☐ Einen Strauß Blumen
- ☐ Einen Satz bunter Bleistifte
- ☐ Einen Gutschein für einen gemeinsamen Kinobesuch
- ☐ Eine blühende Zimmerpflanze
- ☐ Ein schriftliches Versprechen:
  Ich grabe im Frühling Deinen Garten um.
  Oder: Ich bepflanze Dir den Balkonkasten, Geranien inklusive.
- ☐ Bücher, Landkarten, Schallplatten, die etwas aussagen über das liebste Reiseziel
- ☐ Einen nagelneuen Stadtplan
- ☐ Taschentücher mit Monogramm

WIE MAN IN STIMMUNG KOMMT

Richtig anheimelnd ist ein früher abendlicher Spaziergang durch die Straßen, bei dem man im Vorübergehen in fremde Fenster sehen kann. Da wird ferngesehen, dort wird gekocht, ein Zimmer bekommt neue Tapeten, Kinder machen Schularbeiten, eine Frau spielt Gitarre, ein Mann ißt und liest dabei die Zeitung. Der spanische Schneider sitzt noch an seiner Nähmaschine, und im Pizzaladen nebenan wirft Antonio die Teigfladen hoch und fängt sie wieder auf. Manche Fenster sind verhängt. Dann raten wir, wer wohl dahinter wohnt, und erfinden in Windeseile eine ganze Lebensgeschichte dieses unbekannten Menschen. Manchmal sehen wir auch Leute um den Adventskranz sitzen. Andere haben eine brennende Kerze ins Fenster gestellt. Und wir sehen, wie sie reden, spielen und handarbeiten. Dann plötzlich packt uns die Lust auf unser warmes Wohnzimmer, auf die eigenen Weihnachtsvorbereitungen – und ganz rasch gehen wir nach Hause.

BASTELN – SPIELEN – ORDNEN

Wozu man im Frühling, Sommer und Herbst keine Lust hatte, steht nun hoch im Gemütlichkeitskurs. In aller Ruhe werden Nähkästen, Werkzeugschränke und Schubladen aufgeräumt, Spiel- und Stoffrestekisten entrümpelt, Sammlungen geordnet und Fotos sortiert und ins Album geklebt. Dabei kamen wir auf die Ideen mit dem Fotokasten, den Schattenbildern und den Blumentöpfen.

Schattenbilder schneiden

Eine unterhaltsame Beschäftigung für Große und Kleine. Wichtig für die gute Stimmung ist, daß jeder einmal mit dem Schattenschneiden an die Reihe kommt.
Sie brauchen schwarzen Fotokarton im Format DIN A2 (etwa 40 x 60 cm) und etwas dünneren weißen Zeichenkarton, dazu eine Schere und Klebstoff. Heften Sie das weiße Papier an eine Wand, setzen Sie Ihr Modell davor, und beleuchten Sie es mit einer Lampe, so daß der Schatten aufs Papier fällt. (Noch genauer geht es mit einem Diaprojektor.) Nun zeichnen Sie die Umrisse nach, schneiden sie aus und kleben das Ganze auf den schwarzen Karton.
Wenn Sie einen (fast perfekten) Scherenschnitt verschenken wollen, können Sie den Schattenriß mit Hilfe eines Storchenschnabels (gibt's im Zeichenbedarfsgeschäft) maßstabsgerecht verkleinern, auf schwarzes Papier zeichnen, alles vorsichtig ausschneiden und auf weißen Karton kleben. Er sieht in einem Biedermeierrahmen besonders schön und nostalgisch aus.

Fotos im Kasten

Einen Karteikasten rot lackieren und hinterher mit Sternen bekleben. Auf gekauften Registrierkarten mit rotem Filzstift alles notieren, wann und zu welchem Anlaß die Fotos gemacht wurden, die einfach zwischen die Karteikarten gesteckt werden. Auf diese Art kann man auch ein originelles Tagebuch führen oder das vergangene Jahr mit allen Höhen und Tiefen dokumentieren.

MITBRINGSEL

Sind wir irgendwann im Advent eingeladen, bringen wir statt Blumen kleine praktische Dinge mit, über die sich jeder freuen kann:

- ☐ Weihnachtliches Geschenkpapier
- ☐ Tortendeckchen aus Papierspitze
- ☐ Ein Päckchen mit Backoblaten
- ☐ Ein Weihnachtsliederbuch
- ☐ Einen Mistelzweig für die Zimmertür
- ☐ Einen Strauß bunter Tannenbaumkugeln
- ☐ Einen kleinen Rauschgoldengel
- ☐ Drei zusammengebundene Gewürzdosen, mit Kardamom, Zimt, Vanille gefüllt
- ☐ Einen braunen Kandisblock
- ☐ Ein halbes Dutzend frankierte Postkarten
- ☐ Und besonders gern eine mit Gewürznelken rundherum besteckte Apfelsine, die berauschend nach Weihnachten duftet

Gelackte Blumentöpfe

Als Tischschmuck – nicht nur für die Weihnachtszeit – nimmt man dafür die kleinsten Blumentöpfe, die es gibt. Sie bekommen einen farbigen Anstrich mit Plakafarben und hinterher eine farblose Lackierung. In die Blumentöpfchen farbig passende Kerzen stecken. Im Advent passen kleine Tannen-oder Fichtenzweige hinein. Zu den anderen Jahreszeiten Primeln und Stiefmütterchen, Gänseblümchen, Gräser und kleine Zweige mit buntem Laub.

DER KÜRZESTE TAG UND DIE LÄNGSTE NACHT

Beides hat der 21. Dezember, der Winteranfang. Egal ob es stürmt, schneit oder ein klarer Sternenhimmel zu sehen ist: An diesem Tag gehen wir raus an die Luft und laufen durch die stillen Straßen. Am liebsten hätten wir Sturmlaternen oder Fackeln dabei, um den Winter ganz zünftig zu begrüßen.

Auch sonntags hält uns im Advent nichts zu Hause. Wir fahren an den Stadtrand, gehen über Feldwege, durch den Wald, beobachten die Krähen und Meisen und suchen nach Ameisenhaufen, die jetzt unbeweglich sind und aussehen wie ein zusammengekehrter Nadelhaufen. Auf diese kleinen Wanderungen haben wir uns schon zu Hause vorbereitet: Damit es den Kindern nicht langweilig wird, suchen wir immer ein neues Ziel aus; jedes Dorf, jeder Hügel hat seine Geschichte. In den Wanderkarten stehen ja Hinweise auf historische oder sehenswerte Dinge. Wir suchen dann also nach dem Hünengrab, dem überwachsenen Burgwall oder dem alten Köhlermeiler. Oder wir machen uns durch das Umschreiten einer Ortschaft klar, warum ein Runddorf Runddorf heißt. Diese Forschungsreisen – wie Hans sie nennt – sind unterhaltsam, weil es etwas zum Suchen und Finden gibt. Wir sind dabei an der frischen Luft und kommen immer ganz zufrieden mit uns und dem Tag nach Hause.

Es muß nur einer den Anfang machen

Ein Freund hatte die Idee: Wir treffen uns am Sonntag um 11 Uhr im Stadtpark an der großen Wiese. Zieht euch warm an, bringt Würstchen mit und heißen Tee und alle Bälle, die ihr habt. Die Neugier war groß, als wir losmarschierten. Und es wurde ein besonders schöner Tag: Erwachsene und Kinder tobten über die Wiese, ein Grillfeuer für die Würstchen brannte. Wir spielten Schlagball und Fußball und andere Spiele. Groß und klein waren vergnügt und ausgelassen – und wir lernten nette Leute kennen. Das machen wir wieder, sagten alle beim Abschied, wenn Schnee liegt, bringen wir eben Schlitten mit! Ein schöner Tag, denn wann kann man sich sonst so tüchtig austoben und laut schreien und über jeden Quatsch lachen? Es muß nur einer den Anfang machen.

Büroarbeit fürs Christkind und den Nikolaus
Wer sich mit seinem Wunschzettel direkt an die oberste Instanz wenden will, schickt ihn (mit Rückporto versehen) an:

3201 Himmelsthür
oder
2167 Himmelpforten
oder
6624 St. Nikolaus

Antwort kommt bestimmt. Und der Poststempel beweist, daß die Himmlischen den Brief tatsächlich in den Händen hatten.

Verschwenderisch gefüllt ist die ovale Suppenterrine mit geschmückten Buchsbaumzweigen. Kleines Spielzeug, Kugeln und anderer Tannenbaumschmuck, Kekse und Kringel machen den Strauß üppig und bunt.

4. KAPITEL

WEIHNACHTLICHE DEKORATIONEN…

…festliche Stimmung in jedem Raum

Für alle Leute, die sich einen Monat lang an festlichen Dekorationen erfreuen wollen, geben wir Anregungen, aber auch für alle, die keinen Weihnachtsbaum aufstellen wollen oder können.

Warum holen wir uns gerade jetzt grüne Zweige ins Haus? Warum gibt es gerade jetzt die vielen runden Zuckerkringel? Das wollen Ina und Hans jedes Jahr wieder wissen. Zum Beispiel, wenn wir den Julbock aus dem Keller holen, ihn im Flur aufstellen und herausputzen. Was heißt eigentlich Jul?

Das Julfest

Es ist der Vorläufer unseres Weihnachtsfestes, das Winterfest, die Wintersonnenwende der heidnischen Germanen. Zwölf Tage und Nächte lang gab es feierliche Umzüge und religiöse Handlungen, in denen um eine gute Ernte gebeten, in denen den Geistern und besonders den Göttern Freya und Thor geopfert wurde. Die Arbeit ruhte, Streit und Zank wurden vergessen, die Waffen abgelegt. Jedes Haus stand den Gästen offen, die man reich bewirtete, und grüne Zweige schmückten die Häuser. Sie symbolisierten die Wiederkehr der Sonne, des Lebens. Es waren immergrüne Gehölze wie Buchsbaum und Eibe, Fichte, Tanne, Stechpalme, Kiefer, Efeu, Wacholder. Das Symbol für die Sonne ist ein Rad. Und strohumwickelte brennende Räder wurden die Berge hinuntergerollt, in dem Glauben, daß sie die Felder fruchtbar machen. Die runden Kringel aus Zucker, aus Schokolade und Kuchenteig, die in unseren Weihnachtsbäumen hängen oder auf den Bunten Tellern liegen, sind ein Überbleibsel aus jener mythischen Zeit.

Feuer und Holz und Stroh

Ein alter Brauch war es, einen großen Holzklotz oder ganzen Baumstamm in das Herdfeuer zu legen und ihn zwölf Tage und Nächte brennen zu lassen. Mit der Asche aus diesem Feuer und auch mit den verbrannten Strohrädern düngte man die Äcker und versorgte krankes Vieh. In einer feierlichen Handlung wurde ein Eber (das der Freya geweihte Tier) in die Halle geführt, und auf seinem Kopf wurden

Wie der Julbock ins Haus, gehören Ährengarben für die Vögel vor jedes Haus in Skandinavien.

Gelübde abgelegt. Fassen wir nicht auch noch heute am Anfang des Jahres gern gute Vorsätze? Aus dem Eber wurde im Laufe des heidnischen Brauchtums ein Strohbock (Thors Ziegenbock), der ebenfalls im Feuer endete. Übrig blieb der Julbock, der auch jetzt noch mit bunten Bändern umwickelt und mit Geschenken beladen in jedem skandinavischen Weihnachtszimmer steht – wie auch bei uns zu Hause.

Das Julfest, die Sonnenwendfeier und jene zwölf Tage und Nächte leben fort in den sogenannten zwölf Rauhen Nächten, in denen Dämonen und Geister ausgetrieben werden. (Mehr darüber Seite 82.) Im Christentum vermischten sich diese nordischen Bräuche mit dem orientalischen Sonnenkult und bekamen einen neuen Sinn. Im Norden wurde etwa in der Zeit zwischen Weihnachten und dem 6. Januar das Julfest gefeiert. Im Süden des Römischen Reiches, im Mittelmeeraum, verehrte man an den gleichen Tagen besonders Mithras, den unbesiegbaren Sonnengott. Etwa im 4. Jahrhundert nach Christi Geburt legten die christlichen Kirchenführer nach vielem Hin und Her alle drei heiligen Feste zusammen. So enstand unser Weihnachtsfest.

Der Aberglaube alter Zeiten hat sich in unseren Bräuchen erhalten. Ich finde: Es macht Spaß zu wissen, was hinter den Dingen steckt.

EIN GEFÜLLTER KORB

Unser erster Vorschlag für eine weihnachtliche Dekoration erinnert am meisten an die alten Bräuche. Eichenlaub, Lärchenzweige, bemooste Tannenzweige und einige Hagebuttenstecken finden Platz in einem Weidenkorb. Er ist als winterlicher Schmuck auf der Fensterbank oder als schönes Gastgeschenk gedacht.

Schöne Muscheln und Schneckenhäuser, Fundstücke vom letzten Urlaub, sind goldbesprüht. Auch fünf Ragoutmuschelformen mußten herhalten. Winzige Geschenkpakete, Süßigkeiten und Nüsse sehen auf den Muscheln fast kostbar aus. Alles liegt, mit silbernen Kerzen geschmückt, auf einem Tablett. Schön zum Angucken – und zum Verschenken.

Süßer Baum
Blickfang im Zimmer ist dieser Tannenbaum, der aus einem Eierkarton geschnitten und mit Goldfolie überzogen wurde. Jede Vertiefung ist mit Bonbons, Sternen und Oblaten ausgefüllt. Als Baumstamm wurde einfach ein Stück überzogene Pappe angeklebt. Soll der Baum an der Wand hängen, sollten Sie die verpackten Bonbons mit etwas Klebstoff und die unverpackten Süßigkeiten mit Zuckerguß festkleben.

Leuchtender
als auf dem großen Foto rechts geht es nicht: eine große Zimmerpflanze – es muß kein Buchsbaum sein – mit billigen Lichterketten umschlingen und sie an die Steckdose anschließen. Den Topf unter farbiger Metallfolie verstecken.

Stilleben
In einem Aquariumglas stecken kurze Buchsbaumzweige, die mit blauem Autolack besprüht wurden. Trompeten schweben oben, ein Schneemann und ein Clown haben das Glashaus besetzt.

Wie Schneeflocken
sehen die Baumwollzweige aus, die es um die Weihnachtszeit beim Blumenhändler gibt. Eingehängte Monde und Sterne mit silbrigem oder rosafarbenem Glimmer geben dem Schneestrauß magischen Glanz.

Festlicher
geht es nicht: einen Einkaufskorb mit Tannenzweigen füllen. Blankpolierte Äpfel, Weihnachtsmänner aus Schokolade, aus buntem Glas oder Oblatenpapier dazwischenstecken. Zum Schluß viele Fondantsterne und rot-grün verpackte Geschenke an den Zweigen und am Korb befestigen.

Im Tontopf
steht ein Strauß mit Ilexzweigen. Darauf tummeln sich federleichte weiße Vögel. Die biegsamen Vogelfüße aus Draht finden an jedem Zweig genügend Halt. Als Landeplatz eignen sich auch andere Zimmerpflanzen, die Sie in Ihrer Wohnung haben.

Ein Blumenkasten
ist außen mit Silberfolie verkleidet, innen mit Sand beschwert. Ein dickes Büschel Ilexzweige steckt darin. Und an langen goldenen und silbernen Bändern hängt alles, was die Weihnachtskiste hergibt. Je bunter und kindlicher der Glasschmuck ist, desto prächtiger sieht dieser Strauß aus.

Windräder
stecken in einem vergoldeten Pappkarton, in dem einmal Äpfel zum Markt transportiert wurden. In jeder Vertiefung sitzt ein Teelicht. Durch die Wärme drehen sich die (mit Autolack angesprühten) Windräder und tauchen das Gebilde in geheimnisvolles Licht.

SCHRANK IM FESTLICHEN GLANZ

Stimmungsvoll ist ein Weihnachtsschrank – und ideal, wenn kein Platz für einen Weihnachtsbaum vorhanden ist. Ob Sie ein Schrankfach oder ein Regal im Bücherbord ausräumen, ist gleich. Hauptsache, Ihre Dekoration strahlt festliche Stimmung aus. Kerzen stehen Spalier vor einer grüngoldenen Girlande. Papierspitze, Kugeln, Früchte und Nüsse, Kekse und Engel, verpackte Geschenke, gefüllte Körbchen, Schüsseln mit Fuß, Spitzendecken und silberne Vögel, Kugelgirlanden, Lametta, Schleifen und Engelshaar – alles macht den Schrank oder das Bord weihnachtlich. Lassen Sie Ihre Phantasie spielen; denn schon das Ausschmücken macht Freude, erst recht das Hingucken!

Zwei Tips: Mal hohe, mal niedrige Gegenstände nebeneinanderstellen. Als Kleber für hängende Dekorationen eignet sich gut Haftplast aus dem Bastelgeschäft. Es hinterläßt später keine Rückstände, und Sie brauchen weder Nägel noch Reißzwecken.

Weihnachten ist Kitsch, sagte unsere Nachbarin einmal. Hans überlegte und antwortete: „Wenn Weihnachten Kitsch ist, dann ist Kitsch schön.“

VIEL GLANZ FÜR EINBLICKE UND AUSBLICKE: FENSTERBILDER

Geschmückte Fenster sind für Ina und Hans wichtig. In jedem Jahr ist ein anderes Fenster der Wohnung an der Reihe: mal ganz schlicht hergerichtet, mal richtig protzig aufgemacht. Oft müssen wir sogar Fensterbilder „verschenken". Denn auch Freunde und Klassenkameraden von Ina und Hans bitten uns um ein Weihnachtsfenster für ihre Wohnung. Dann setzen wir uns zusammen, reden und denken nach, viel Papier und Ölkreide werden verbraucht, Ideen werden geboren und wieder verworfen, bis der Plan steht. An einem freien Nachmittag oder einem Adventssonntag ziehen wir los und bemalen, besprühen, behängen das fremde Fenster. Dabei werden wir mit Punsch und Kakao, Krapfen oder Napfkuchen bewirtet – und bekommen so ein schönes Zusammengehörigkeitsgefühl und prickelnde Vorfreude auf den Heiligen Abend.

Grün wie die Hoffnung

Alles, was es im Winter an immergrünen Zweigen gibt, ist zu einem leichten Kranz gewunden, der ein ganzes Fenster ausfüllt. Kleine und große Kugeln, Kugelsträußchen, Nüsse und Goldbänder schmücken das lockere Gebinde vom großen Fenster links.

Sterntalermädchen

Mit bunten Fingerfarben und allen zehn Fingern ist das Sterntalermädchen auf die Scheibe gemalt. Diese Kunst ist wirklich kinderleicht. Die gelben und goldenen Papiersterne hängen an Perlonfäden. Den Fenstergriff verstecken Glaspapiertüten mit goldenen Kugeln.

LAMETTAGARDINEN

Sie sind ganz einfach mit Klebestreifen am Fensterrahmen befestigt. In Dekorationsgeschäften gibt es diese Vorhänge fertig zu kaufen. Hier haben wir zwei Vorhänge – Rosa und Grün – übereinandergehängt, damit sie schön dicht aussehen. Beim geringsten Lufthauch bewegen sich die Lamettafäden und schimmern im Tages- und Lampenlicht, wie das Foto unten beweist.

Für drinnen und draußen

Balkonkästen bekommen jetzt ihr Winterkleid. Der einfachste Schmuck: Tannen- und Kiefernzweige oder Lärchengeäst in die Erde stecken und Meisenringe oder Nußbeutel für die Vögel daranhängen. Für die Fensterbank: einen Blumenkasten oder einen Korb mit immergrünen Zweigen füllen, dazwischen lange und kurze Holzstäbe stecken und darauf Plastikkugeln setzen. Bunte Windrädchen zwischen die Zweige verteilen. Ist Ihr Fenster windgeschützt, und haben Sie anderswo eine Futterstelle für die Vögel, kann diese Dekoration auch draußen vor dem Fenster stehen. Die Windräder drehen sich emsig – ein farbenprächtiger Anblick!

SCHÖN ANZUSEHEN AM TAGE UND AM ABEND

Einmal mit Schneegestöber

Ein übliches Fenster kann man mit breiten, weißen oder grünen Klebebändern zu einem Sprossenfenster dekorieren. Künstlicher Schnee aus der Dose wird in die einzelnen Felder gesprüht. Mit Haftplast, Stecknadeln und Klebeband läßt sich leichtgewichtiger Weihnachtsschmuck auf den Sprossen befestigen. Sterne, Engel, Monde und Herzen einfach auf das Schneegestöber kleben.

Guter Grund für Fensterbilder

Ein alter Aberglaube verbietet, in der Weihnachtszeit Fenster zu putzen. Angeblich soll es durch diesen unerhörten Vorgang schlechtes Wetter im neuen Jahr geben.

Einmal mit Schneeflocken

Schnüre aus Perlonfäden und Pappkügelchen (Bastelladen) hängen von einer halben Gardine oder dem Fensterrahmen herab. Die Flockenkugeln auf die Fäden ziehen und festkleben. In unterschiedlichen Längen aufhängen.

Einmal mit Sternen und Engelsköpfen

Aus weißem Karton sind die aufgeklebten Sterne geschnitten. In jeder Mitte prangt eine Engelskopf-Oblate. Und das Schönste: Eine auf Stroh gebettete Krippe steht auf der Fensterbank. Apfel, Nuß und Mandelkern sind üppig verteilt.

5. KAPITEL

WEIHNACHTS-BÄUME SCHÖN GESCHMÜCKT...

...alles über den Baum und um den Baum herum

ZE DEN WIHEN NAHTEN

Das ist mittelhochdeutsch und bedeutet: zu den geweihten heiligen Nächten. Daraus entstand unser Wort Weihnachten. Ursprünglich war das die Zeit der germanischen Sonnenwende. Immergrüne Zweige, denen man schützende und heilende Kräfte zuschrieb, sollten nicht nur die Wiederkehr der Sonne beschwören, sondern auch magischen Zauber ausüben gegen Dämonen und böse Geister. Die trieben sich gerade in diesen langen, den Rauhen Nächten mit Sturmgebraus und Geheul überall herum, wie Wotans wilde Jagd.

Jede Gegend hatte (und kennt auch heute noch) ihre eigenen schauerlichen Schreckgespenster, die zwischen dem 25. Dezember und dem 6. Januar ihr Unwesen trieben. Heutzutage rechnen wir in der Silvesternacht mit ihnen ab: mit Krach und Feuerwerk. Früher räucherten die Menschen Häuser und Ställe aus, machten sie so von Dämonen frei und weihten die Behausungen neu. „Glück ins Haus, Unglück hinaus". Möglicherweise leitet sich von diesem Brauch des Ausräucherns der Name der Rauhen Nächte ab.

Grün, das Sonne und wiederkehrenden Frühling verhieß, half also gegen Dämonen und andere Unholde. Was lag näher, als diese immergrünen Zweige an Häuser und Scheunen zu stecken und sie mit Äpfeln, Eiern (ein Lebenssymbol) und Nüssen auszuschmücken.

Der Paradiesbaum

Er ist seit dem 13. Jahrhundert bekannt. Es handelte sich dabei um Tannen- oder Fichtenbäumchen, die beim Paradiesspiel, das waren klösterliche oder kirchliche Festaufführungen, das Paradies symbolisierten. So ein Baum stand nicht an einem festen Platz, sondern wurde herumgetragen. Allweihnachtlich erschien der apfelgeschmückte grüne Baum den Zuschauern, so daß er in ihrem Bewußtsein als zu Weihnachten gehörig verblieb.

1494 schrieb Sebastian Brant ziemlich spöttisch in seinem „Narrenschiff“: „Und wer nit etwas Neues hat/Und um das neu Jahr singen gaht/Und grün Tannreis steckt in sein Haus/Der meint, er leb’ das ganze Jahr nit aus”.

Die frühesten Urkunden, die auf den Weihnachtsbaum deuten, stammen aus dem Oberrheinischen. Ein solches Dokument aus Schlettstadt im Elsaß berichtet im Jahre 1521 über die Zahlung von zwei Schillingen an die „förstern, die meyen am sand Thomastag zu hieten”. Meyen hieß jeder grüne Baum im Winter.

Auch in Freiburg im Breisgau ist schon früh von Weihnachtsbäumen die Rede. Hier sah sich der Rat der Stadt 1544 gezwungen, gegen das unstatthafte Abhauen „der Weihnachtsmeyen” einzuschreiten. Wer dabei erwischt wurde, hatte eine Strafe von zehn Rappen zu bezahlen. Im Jahre 1561 wurden die Holzknechte im Freiburger Stadtwald angewiesen, die jungen Bäume „so weyhenachtmayen größe haben unnd kleiner sindt” zu verschonen.

Im Freiburger Weihnachtsspiel heißt es 1599: „seit geraumer zeyt üblich Weis, an den errichtet dannbaum... rosen aus vielfarbigem papier sowie oblaten, äpfel, schnitz und zischgold zu henken... und sich einander Gaben ze schicken."

Gleichzeitig entwickelten sich in den verschiedenen Landschaften andere Weihnachtsschmucksitten. Es gab Weihnachtspyramiden und Rutengestelle (im Norden), sogenannte Bügelbäume (auf Hiddensee), Klausenbäume und Klausentürme (in Süddeutschland und in Österreich) und Spielzeugpyramiden (im Erzgebirge). Diese Gestelle wurden mit grünen Zweigen umwickelt, mit Süßigkeiten, Gebäck, Flitterkram und Kerzen geschmückt. Bis heute haben sich diese kerzengeschmückten Gestelle behaupten können. Auch sie sind Vorläufer unserer heutigen Weihnachtsbäume.

1605 erregte ein Weihnachtsbaum in Straßburg viel Aufsehen. Nach der Überlieferung war er mit Papierrosen, Äpfeln, Zuckerwerk und Knistergold geschmückt. Knistergold bestand aus dünnem und poliertem, stark rauschendem Messingblech.

Ein Heidenspaß für die Christenheit

Die Kirche war dem Grün allerdings nicht grün. Immer wieder verbot sie, Häuser und Räume mit Tannen, Buchsbaum, Fichten, Stechpalmen, Efeu, Wacholder und Kiefern zu schmücken, weil diese Sitte im Heidentum ihren Ursprung hatte.

Aber wie das nun mal so ist: Je mehr Krippen unter den Weihnachtsbaum gestellt wurden (Geburt Jesu), je mehr Engel im Baum schwebten (Verkündigung an die Hirten), je mehr Sterne darin leuchteten (Stern von Bethlehem), je mehr goldene Nüsse, Schleifen, Girlanden in den Baum gehängt wurden (Geschenke der Heiligen Drei Könige) – um so eher war die hohe Geistlichkeit bereit, den Weihnachtsbaum als christliches Sinnbild zu akzeptieren. Der Christbaum war geboren.

Kleine Spielsachen, Kekse, farbige Rosetten, Herzen, Sterne, Kugeln, Papiergirlanden und lauter verschiedenfarbige Kerzen machen diesen kunterbunten Baum so fröhlich.

Hier und da begann man also nun, sich einen Weihnachtsbaum in die Stube zu stellen oder an einen Deckenbalken zu hängen. Aber noch war ein Weihnachtsbaum selten Privateigentum. Meist stand er auf dem Dorfplatz und war für alle da. Oder er erfüllte in Spitälern und vergleichbaren sozialen Einrichtungen eine andere Funktion: Nach der Feier wurde der durch reiche Leute geschmückte Baum von den Armen geplündert.

Das hat sich in Franken und im Odenwald sicher am meisten gelohnt, denn dort hängte man Schinken, Gänse, Würste in die Zweige. Was müssen das für Bäume gewesen sein?

Kerzen gehörten damals noch nicht zum Tannenbaum. Es wird angenommen, daß die Verbindung zwischen Tannenbaum und Licht (auch wenn es für die dunkle Zeit schon in allen Kulturen Lichtbräuche gab) im Erzgebirge entstand. Dort gab es Holzschnitzer, die Leuchter und Lichterkronen für die Kerzen herstellten und überallhin verkauften.

Mit gläsernen Kugeln, bunten Paradiesvögeln, Glocken, Trompeten, Prismen, Tannenzapfen, Sternen, Tüten ist der Baum überschüttet. Auffällig: Trotz aller Fülle wirkt der Baum kühl.

Am Ende des 18. Jahrhunderts gehörte der grüne, geschmückte Baum endgültig zu Weihnachten; Fichte und Tanne setzten sich gegen Wacholderbüsche, Stechpalmen, Eiben und Buchsbaum durch. Und auch der Schmuck wandelte sich: Aus Thüringen kamen die gläsernen, verspiegelten Kugeln und Figuren – und das Lametta.

Oh, Tannenbaum

… dein Kleid will uns was lehren. Gerade uns heutige Menschen. Die echte Tanne (die an zwei weißen Streifen auf der Unterseite der Nadeln zu erkennen ist) sollten wir nämlich nicht kaufen oder gar abschlagen. Seien wir umweltbewußt und entscheiden wir uns besser für eine Fichte als Weihnachtsbaum. Denn die Weißtannen wurden zuerst vom Baumsterben erfaßt und sind schon zu 90 Prozent geschädigt. Fichten dagegen müssen von Zeit zu Zeit sowieso aus dem Wald geholt werden: denn schreitet der Förster nicht ein, dann überwachsen die stärkeren Bäume die schwächeren, nehmen ihnen das Licht weg und verurteilen sie so zu einem langsamen Tod.

Oh, Fichtenbaum

Frische Harzspuren und frischer Geruch sind Zeichen dafür, daß der Baum erst vor kurzer Zeit geschlagen wurde. Wenn die Zweige nadeln (fahren Sie mal mit der Hand darüber) und die Schnittfläche ausgetrocknet ist, kaufen Sie lieber eine andere Fichte. Nehmen Sie Ihren Baumständer mit. Viele Händler passen den Baum gleich in den Fuß ein – und Sie sparen viel Arbeit. Den Weihnachtsbaum nicht erst fünf Minuten vor der Bescherung kaufen. Bei Ihnen zu Hause auf dem Balkon hat der Baum es besser – er bleibt länger frisch, wenn Sie ihn so behandeln: Passen Sie den Baum sofort selbst ein. Erst mit der Säge den Baum frisch anschneiden und ihn in einen Eimer mit Wasser stellen. Dem Wasser geben Sie pro Liter drei Eßlöffel Glyzerin zu oder ein Tütchen mit Schnittblumendünger.

Kugeltrauben

Nur eine Steckdose braucht man, damit die winzigen Birnchen der elektrischen Lichterketten so schön funkeln. Grüne und blaue Kugeln hängen einzeln oder zu Trauben gebunden an den Zweigen.

Ganz in Silber

Sternenketten und einzelne Sterne, kleine runde Spiegel, Kugeln und Silberkerzen putzen den Baum ganz fein heraus.

Oh, Weihnachtsbaum

Am sichersten steht er in einem festen Fuß und frei im Raum. Aber wer hat schon soviel Platz? Auf keinen Fall aber darf er in der Nähe von Fenstern, Türen, Gardinen, Vorhängen stehen, denn Zugluft bedeutet Brandgefahr. Einen Eimer Wasser sollten Sie immer griffbereit stehen haben, für den Fall, daß die Zweige – trotz aller Vorsicht – Feuer fangen. Ein Feuerlöscher bietet noch mehr Sicherheit. Heizungsnähe tut dem Baum nicht gut; und gegen Trockenheit sollten Sie ihn öfter mal mit Wasser aus dem Blumenwasserzerstäuber besprühen. Kippsicher wird der Baum, wenn er mit festem Garn und kleinen Nägeln an der Wand verankert wird. Gehören kleine Kinder, Hund und Katze zum Haushalt, sollten Sie die unteren Zweige nicht dekorieren. Unsere Katze Susi hatte zwar Respekt vor den Nadeln des Baumes, aber nicht vor dem Lametta. Sie fraß es – natürlich in einem unbeobachteten Moment –, und die Bescherung war da. Das heißt, sie fiel aus, weil wir mit Susi zum Tierarzt rasen mußten. Susi hat die Lamettafresserei und die Arztbehandlung gut überstanden, aber Ina legte sich hinterher gleich ins Bett, ihr war die Aufregung auf den Magen geschlagen!

Weihnachtsbaum mit Grußkarten geschmückt

Lassen Sie die Kerzen nur brennen, wenn Erwachsene in der Nähe sind. Und hängen Sie nie mehr Wunderkerzen zum Abbrennen an die Zweige. Das ist feuergefährlich, und über Brandspuren im Teppichboden ärgert man sich noch zu Pfingsten! Lassen Sie Wunderkerzen lieber im Freien funkeln.

Jede Familie hat ihr spezielles Rezept, wie der Fußboden oder Teppich unter dem Baum am besten geschützt werden kann. Ich habe mich umgehört, da gibt es haufenweise Tips:

- ☐ Ein ausgedienter Teppichläufer
- ☐ Packpapier, darüber ein altes Laken
- ☐ Geschenkpapier vom letzten Jahr
- ☐ Extradicke Alufolie
- ☐ Farbige Lackfolie aus dem Kaufhaus
- ☐ Ein alter Regenmantel, geschickt drapiert
- ☐ Katastrophenfolie (soll es in Geschäften geben, die Rucksack-Globetrotter ausrüsten)
- ☐ Ein altes Badelaken
- ☐ Geschirrhandtücher
- ☐ Feuchtes Stroh auf Plastikfolie
- ☐ Eine kreisrunde Filzdecke
- ☐ Alle Weihnachtspostkarten, auch die vom letzten Jahr
- ☐ Dünne Holzlatten, eng nebeneinandergelegt
- ☐ Sand vom Strand auf Packpapier gestreut.

Freundin Trudi vom Bodensee sagte kategorisch: „Alles Quatsch! Schließlich gibt es Kerzenhalter, die alle Wachstropfen auffangen, und einen anständigen Staubsauger!"

Pro und Contra auch hier. Wer allerdings Freude an einem Prachtteppich für den Weihnachtsbaum hat, findet auf der nächsten Seite ein Kunstwerk, das er Stern für Stern nacharbeiten kann.

Frohe Weihnacht

DER STERNENTEPPICH

Locker ausgebreitet liegt er hier und schillert in allen Regenbogenfarben. Stern für Stern ist mit doppelseitigem Klebeband auf Klarsichtfolie geklebt. Wie umfangreich der Prachtteppich werden soll, wie groß jeder einzelne Stern, das entscheiden Sie selbst. Jeder Stern besteht aus mindestens drei Lagen: Zuunterst liegt Verpackungsfolie, darauf ein selbstgeschnittener Stern aus Buntpapier, ganz oben Klarsichtfolie.

Der Papierstern in der Mitte muß bereits die richtige Größe haben. Die Folien rundum etwas größer zuschneiden.

Beim Nähen müssen Sie sich nach den Umrissen des mittleren Sterns richten: auf seiner Außenkante mit Zickzackstich entlangnähen. Dann den Stern mit drei Nähten unterteilen. Anschließend die überstehenden Ränder der äußeren Folien abschneiden.

Bei einem Stern sind viele kleine Sternchen zwischen den Folien verteilt. Sie sind aus Glanzpapier ausgeschnitten (gibt's auch zu kaufen) und auf die untere Folienlage geklebt. Nun etwas Silberflitter daraufstreuen und die Folien zusammennähen und unterteilen.

Damit die vielen einzelnen Sterne zu einem Teppich werden, kleben Sie sie in Form eines Sternes mit doppelseitigem Klebeband auf Klarsichtfolie. Die Ecken sollten – wie hier zu sehen – aneinanderstoßen. Anschließend den Teppich entsprechend beschneiden.

Als schillernder Teppich (Foto links) oder als Baumschmuck gleich schön: Jeder einzelne Stern strahlt und glänzt in den Zweigen. Nach dem Fest werden die aufgeklebten Teppichsterne von der Folie abgezogen und aufeinandergestapelt weggepackt – bis zum nächsten 24. Dezember.

EIN PODEST FÜR DEN BAUM

Damit die Geschenke für alle Familienmitglieder unter dem Baum Platz finden, setzen wir ihn jedes Jahr auf einen Tisch und bauen rundherum kleine Podeste aus Holz- und Bierkisten, die mit roten, weißen oder grünen Tischdecken, Bettlaken oder Weihnachtspapier abgedeckt werden. Auf den Geschenkpaketen kleben Namenszettel. Die meisten Geschenke thronen aber unverpackt in voller Schönheit unter dem Baum. Das sieht hübscher aus, spart Papier und gibt uns allen viel mehr Ruhe bei und nach der Bescherung.

DER SCHMUCK

Aus eigener leidvoller Erfahrung kann ich nur sagen: Überprüfen Sie rechtzeitig vor dem Fest, ob der Weihnachtsbaumschmuck noch passabel ist. Sonst kann es passieren, daß Mäuse das arme Jesulein angeknabbert haben oder die Kerzenhalter unrettbar verklemmt sind.

Eine meiner Nachbarinnen macht beim Abschmücken des Baumes eine Liste der Dinge, die im nächsten Jahr unbedingt neu gekauft werden müssen, und klebt sie außen auf die Kartons mit dem Weihnachtsschmuck. Die Kartons holt sie immer so rechtzeitig vor dem Fest vom Boden, daß sie in aller Ruhe besorgen – oder auch mit ihren Kindern basteln – kann, was fehlt. Sehr ordentliche Menschen können eine solche Liste ja auch gleich in den neuen Tischkalender legen – „auf Termin" für den nächsten Advent.

Das Schlimmste geschah vor einigen Jahren, als ich die Weihnachtskartons auf dem Dachboden hervorkramte und nur Scherben vorfand. Der ganze schöne, alte, gehütete und behütete Gold- und Silberschatz war hin! Hans beichtete: Er hatte an einem sommerlichen Gewittertag mit einem Freund alle (angeblich leeren!) Kartons in eine Ecke geschoben, eine Pappe davorgestellt und mit dem Luftgewehr auf dieses Ziel geschossen! Schwamm drüber.

Weihnachtsschmuck hat Familientradition. Am liebsten soll der Baum jedesmal wieder so aussehen wie im letzten Jahr und wie im Jahr davor, und so weiter. Und es macht auch den pingeligsten Leuten nichts aus, wenn der Engel nur noch einen Flügel hat, von der Trompete der Lack längst ab ist oder die Sterne durch Aufbügeln erst ihre ursprüngliche Form wiederbekommen.

Trotzdem: Auch Baumschmuck muß mal ergänzt werden. Dann kann der Christbaum einmal ganz anders aussehen. Lassen Sie sich von diesen Beispielen anregen.

DER ÜPPIGSTE WEIHNACHTSBAUM DER WELT

Das ist dieser phantastisch überladene Märchenbaum, der jedes Jahr vom Berliner Kunsthändler Florian Karsch geschmückt wird. An ihm kann man sich nicht satt sehen. Hier rauscht noch kein alternativer Wind durch die Nadeln. Hier glänzt und schimmert, strahlt und funkelt es. Jedes Ding dreht und bewegt sich an den langen Seidenfäden durch die Kerzenwärme – und klirrt leise aneinander. Alles, aber auch alles hängt, neben dem üblichen Tannenbaumschmuck, an den mit Draht verstärkten Zweigen: Porzellanfigürchen, Reiseandenken, Blumen, Schmetterlinge, Puppenstubenlampen, Spitzen, Vogelnester, Ostereier, Bilderrähmchen, Spiegel, Netze, Minikrippen, Trauben und vieles mehr und alles durcheinander. Florian Karsch, der sich selbst als fanatischer Weihnachtsbaumschmücker bezeichnet, sagte: „Jedes kleine Ding, das ich in die Hand nehme, hat seine Geschichte. Es erinnert mich an eine Person oder an eine besondere Begebenheit. Die 350 (!) Stunden Arbeit sind das Weihnachtsgeschenk für alle, die kommen, um sich mit uns an dem Baum zu freuen."

Wie schön, daß es auch heute noch Zauberer gibt!

Ina hat sich ihren eigenen Baum gemacht: Ihre alte Schulanfängertüte hat sie auf den Kopf gestellt, mit Fichtenzweigen umwunden und mit Schmuck besteckt und beklebt. Das sieht sehr niedlich aus.

6. KAPITEL

SÜSSES ZUM VERSCHENKEN…

…für die lieben Verwandten und andere nette Menschen

GESCHENKE ZUM AUFESSEN

Geschenke, die man aufessen kann, sind willkommen, wenn sie den Geschmack des Empfängers treffen – und wenn der Beschenkte Zeit genug hat, die Delikatesse in Ruhe zu genießen. Es ist deshalb immer gut, sich vorher Gewißheit zu verschaffen, ob der mit Eßbarem zu beschenkende Mensch nicht am nächsten Tag nach Timbuktu oder sonstwohin verschwindet. Süße und salzige Geschenke sind auch hübsche Mitbringsel für Leute, die schon alles haben.

Apfelmännchen

Als Geschenk für andere Kinder haben Ina und Hans rote Äpfel blankpoliert. Walnüsse bekommen durch Zukkerperlen ein Gesicht und aus Watte einen Bart. Ein Zahnstocher hält Apfel und Nuß zusammen.

Ein Napfkuchen oder Gugelhupf

(Foto rechts)

400 g Mehl
100 g Weizenschrot
4 Eßl. Weizenkleie mit
1 Päckchen Trockenhefe mischen.
1/4 l lauwarme Milch
1 Ei
2 Eigelb
150 g braunen Zucker
200 g Butter
dazugeben und verkneten. Gehen lassen, bis der Teig sich fast verdoppelt hat.
50 g gehackte Mandeln
150 g Rosinen
und 50 g Zitronat
untermischen. Alles 15 Minuten in der gefetteten Napfkuchenform gehen lassen, dann bei 180 Grad 50 Minuten backen. Mit Zuckerguß bestreichen und mit Plätzchen und Zuckerperlen verzieren.
Backen Sie eine in Folie gewickelte Münze mit ein, als Glücksbringer!

DIE ZUCKERDOSE

Sie ist hier ganz wörtlich genommen, denn sie besteht aus etwa 60 Stück Würfelzucker. Gefüllt ist sie mit farbigem Kokosgebäck.

Ein Eiweiß steif schlagen, Puderzucker zugeben und weiterrühren, bis eine spritzfähige Masse entsteht. In einen Spritzbeutel mit feiner Lochtülle füllen. Den Rand eines jeden Zuckerstückchens damit bespritzen und zu einer Dose zusammensetzen (fünf mal sieben Stückchen Grundfläche). Einen Deckel von gleicher Größe zusammensetzen.

Zutaten
4 Eiweiß
250 g Puderzucker
1 Paket Würfelzucker (500 g)
1 Paket Zitronenglasur (Pulver)
400 g Kokosraspel
rote, grüne und gelbe Speisefarbe.

Mindestens zwei Stunden trocknen lassen. Restliches Eiweiß zu steifem Schnee schlagen. Zitronenglasur-Pulver mit vier Eßlöffel Wasser verrühren. Kokosraspel unterrühren. Eischnee unterheben. Die Masse in drei Portionen teilen und mit Speisefarbe rosa, grün und gelb färben. Mit zwei Teelöffeln kleine Häufchen auf Pergamentpapier setzen und eine halbe Stunde trocknen lassen. In die Zuckerdose setzen oder in Zellophanpapier verpacken.

DER KOMET

Er ist leicht zu machen. Sie kaufen zwei Biskuit-Tortenböden wie für Schwarzwälderkirschtorte. Jeder Boden wird zweimal platt durchgeschnitten. Aus dem einen Tortenboden den Stern, aus dem anderen den Schweif schneiden. Bestreichen Sie jede Platte mit Kirschkonfitüre, legen Sie die Platten wieder übereinander, und drücken Sie Stern und Schweif aneinander. Beides wird mit Zitronenguß überzogen und mit rosa Zuckerguß und Silberstreuseln verziert. Angerichtet ist der Stern auf einem Blech, das mit Alufolie verkleidet ist.

DER BAUM AUS DEM OFEN

Leise rieselt der Puderzuckerschnee über den Blätterteigbaum herab.
Den Teig auf Backtrennpapier mit einer gut bemehlten Kuchenrolle zu einem Rechteck von etwa 30 mal 35 Zentimeter ausrollen. Mit Hilfe der Zeichnung eine Schablone aus festem Papier herstellen, ausschneiden und auf den Teig legen. Die Umrisse des Baumes ausschneiden und den restlichen Teig für ein anderes Rezept verwenden. Den Baum mit Backtrennpapier aufs Backblech legen. Kirschen halbieren und in den Teig drücken. Mandeln oder Nüsse hacken oder in Stifte schneiden und zusammen mit Zitronat, Orangeat, Zuckerperlen und Rosinen auf dem Baum verteilen. Leicht mit der Kuchenrolle darüberrollen. Das Blech in den kalten Backofen schieben, auf 150 Grad/Gas Stufe 1 schalten und etwa 35 Minuten backen. Den Baum vorsichtig vom Blech heben und auf einem Rost abkühlen lassen.

Rezept
400 g Mehl, 1 Prise Zimt, 50 g Puderzucker, 1 Prise Salz, 60 g Zucker, 1/2 Päckchen Vanillinzucker, 175 g Butter, 50 g Kokosplattenfett, 1 Eßl. Rum, 1 Eigelb.

Mehl, Zimt, Puderzucker, Salz, Zucker und Vanillinzucker in eine Schüssel geben. Das Fett schmelzen und leicht abkühlen lassen, Eigelb und Rum zugeben. Zuerst alles mit dem Knethaken des Handrührgerätes, dann mit den Händen kurz verkneten. Über Nacht zugedeckt in den Kühlschrank stellen.

Mehl zum Ausrollen
Papier für die Schablone
50 g Belegkirschen
50 g Mandeln oder Nüsse
je 1 Teel. Zitronat und Orangeat
1 Teel. Silberne Zuckerperlen
30 g Rosinen.

Tip:
Wer den Baum gern als Dekoration aufstellen möchte (rechts), backt ihn am besten auf der Schablone aus Karton. So wird der Baum stabiler. Zum Essen das Gebäck stückchenweise ablösen.

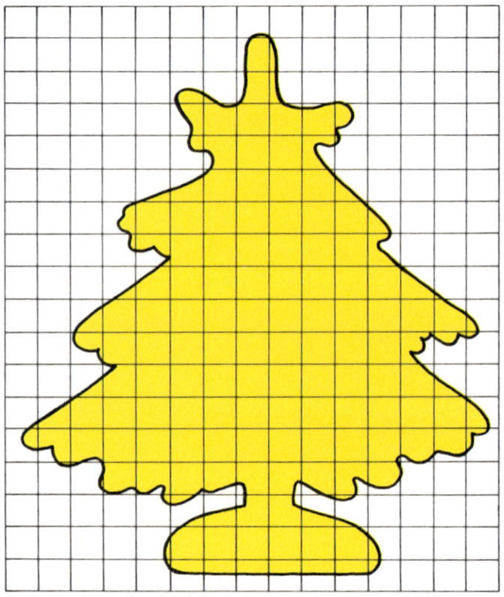

KUNST IM GLAS

Kandierte Früchte, Geleebonbons und Zuckerperlen sind hier zu einer Phantasie-Landschaft zusammengestellt.

Dicker Zuckerguß hält die außen aufgeklebten Geleefrüchte auf dem runden Glas fest.

ESSBARE TISCHKARTEN

Aus Lebkuchenteig stechen Sie Sterne, Rechtecke oder Kreise aus (Durchmesser etwa 15 cm). Das Loch für die Schleifen vor dem Backen mit einer Stricknadel in die Kekse drücken. Nach dem Auskühlen die Vornamen der netten Menschen mit Zuckerguß auf die Lebkuchen spritzen. Eine kleine Papiertüte mit feiner Spitze ist dafür gut geeignet. Die Lebkuchen können nach dem Hauptgericht als Nachspeise gegessen werden.

Lebkuchen
Honigkuchen
Pfefferkuchen
Drei Namen für einen Teig. Hier finden Sie das Grundrezept für etwa 2 kg.

500 g Honig
250 g Zucker
150 g Butter oder Margarine
15 g Pottasche
2 Eßl. Rosenwasser (oder Rum)
700 g Weizenmehl, Type 405 oder 550
200 g Weizenvollkornmehl, Type 1700
1 gehäufter Teel. gemahlener Ingwer
2 Teel. Zimt
1/2 Teel. Kardamom
1/4 Teel. Nelkenpulver
abgeriebene Schale 1/2 Zitrone
200 g Mandeln
125 g Zitronat
1 Teel. Mandelessenz
2 Eier
1 Prise Salz.

Honig, Zucker und Fett in einen Topf geben. Bei kleiner Hitze unter gelegentlichem Umrühren erhitzen, bis Zucker und Honig geschmolzen sind. Abkühlen lassen. Pottasche mit Rosenwasser verrühren, bis sich die Pottasche aufgelöst hat. Beide Mehlsorten mit Ingwer, Zimt, Kardamom, Nelkenpulver und Zitronenschale in einer großen Schüssel mischen. Mandeln im Blitzhacker oder mit einem Messer grob hakken. Zitronat sehr fein hacken. Beides zum Mehl in die Schüssel geben. Mandelessenz, Salz und die aufgelöste Pottasche zufügen. Mit den Eiern und der abgekühlten Honigmischung gründlich verkneten. Den Teig zwei Stunden kalt stellen.

Tip:
Grundteig nach Belieben ausrollen, Formen ausstechen und auf ein vorbereitetes Backblech legen. In den kalten Backofen schieben. Auf 200 Grad/Gas Stufe 3 schalten und je nach Größe 15 bis 25 Minuten backen.

Das Dorf „Zuckerhausen“ finden Sie auf keiner Landkarte, nur hier als Foto und Rezept (Seite 110).

EIN DORF, DAS MAN ZUM FRESSEN GERN HAT

Das muß ein ganz besonders lieber Mensch sein, dem dieses mühevoll gebaute Dorf überreicht wird! Gebaut wird mit Fertigteilen: Eistüten, Waffeln, braunen Kuchen, Pastillen, Bonbons und Zuckerstangen. Der weihnachtliche Zement ist natürlich Zuckerguß. Für alle Keks-Architekten: Zum Dorf gehören eine Kirche, ein Rathaus, ein Wachhäuschen, ein Wohnhaus und ein Giebelhäuschen (Dorfansicht auf Seite 108/109).

Sie brauchen:
Als festen Untergrund
1 Backbrett oder Holzbrett von etwa 45 x 70 Zentimeter Größe.

Für die Häuser und das Straßenpflaster:
5 Pakete Puderzucker à 250 g
10 Eiweiß
9 Pakete rechteckige braune Kuchen (Kemm'sche Kuchen; sie werden auch verschickt von der Firma J. G. Kemm Nachf., Lokstedter Steindamm 35, 2000 Hamburg 54)
3–4 Pakete Dominosteine (Gebäck) à 150 g
1 Stück Wellpappe von etwa 60 mal 60 Zentimeter.

Für Türen, Fenster und Dächer:
800 g bis 1 kg gefüllte Waffelkekse (Eiswaffeln)
5 spitze Waffeltüten.

Zum Verzieren:
Etwa 400 g Geleefrüchte (z.B. Orangen- oder Zitronenscheiben, Fruchtmischungen)
silberne oder bunte Zuckerperlen
5 Zuckerstangen (verschiedene Sorten)
75 g Mokkabohnen
100 g bunte Bonbons nach Belieben
200 g Schokolinsen
200 g Schokoladenplätzchen
Papierfähnchen (Kaufhaus).

Für die Treppen:
Etwa 50 g Butterkekse.

Als Mörtel für die Häuser nach und nach je ein Paket Puderzucker mit ein bis zwei Eiweiß zu einem weichen dikken Zuckerguß rühren. Je zwei braune Kuchen mit einem Teelöffel Zuckerguß aufeinanderkleben. Das sind die Mauersteine. Nach Größe und Länge der Kekse für jedes Gebäude einen Boden aus Pappe ausschneiden, auf dem dann die Mauern errichtet werden. Dafür jeweils zwei Mauersteine an den Kanten mit Zuckerguß bestreichen und sie leicht aneinander und auf die Pappe drücken. So lange festhalten, bis der Guß etwas antrocknet. Damit die Mauersteine nicht umkippen, sollte in jede Ecke zur Verstärkung ein Dominostein mit Zuckerguß geklebt werden. Auf diese Weise vier Wände kleben. Wenn zwei Etagen entstehen sollen, zum Stabilisieren eine Pappe auf die Grundmauern legen und darauf weiterbauen.
Aus Waffelkeksen Türen und Fenster mit einem Messer zurechtschneiden und außen auf die Mauern kleben. Für die Dächer dreieckige Giebel aus Waffeln ausschneiden und senkrecht auf die Mauern kleben. Braune Kuchen oder Waffelkekse als Dächer darüberkleben. Spitze Waffeltüten als Türmchen aufkleben. Aus vier Waffeln oder braunen Kuchen Schornsteine kleben und mit Watte den Rauch daraufsetzen. Die Kirchturmuhr aus einer runden Scheibe Fruchtgelee und silbernen Zuckerperlen aufkleben.
Häuser und Dächer mit zurechtgeschnittenen Geleefrüchten, Zuckerstangen, Mokkabohnen und bunten Bonbons verzieren. Alles mit Zuckerguß gut festkleben.
Die verschiedenen Gebäude auf dem Holzbrett zu einer Stadt zusammenstellen. Aus Butterkeksen Treppen stapeln und vor den Türen festkleben. Die Zwischenräume auf dem Brett mit braunen Kuchen, Waffeln, Schokoladenplätzchen oder Schokolinsen als Pflaster belegen und mit Guß festkleben. Das Rathaus mit Fähnchen schmücken.

DER ECHTE CHRISTSTOLLEN

Meine Mutter rührte früher den Teig für den Stollen (wir sagen Klöben dazu) zu Hause an, formte ihn oben wie ein Wickelkind – der Länge nach um seine Mitte eingeschlagen –, und ich brachte den rohen Stollen zum Bäcker, der ihn für uns buk. Beim Anschneiden kam unsere große Stunde: War der Stollen innen leicht glasig, klitschig, marzipanartig, galt der Stollen als gelungen. Wir genossen Scheibe für Scheibe. War er innen trocken, wie es sich für einen ordentlichen Stollen gehört, gab es bei uns enttäuschte Gesichter – und gesalzene Butter auf jedes Stück.

Das Stollenrezept

150 g gehackte Mandeln
150 g Rosinen
150 g Korinthen
100 g Sukkade
4 Eßl. Rum
500 g Mehl
2 Päckchen Trockenhefe
150 g Butter oder Margarine
100 g Zucker
1 Teel. Salz
1 Ei
1/2 Teel. Vanilleextrakt
etwa 1/8 l Milch.
Zum Bestreichen:
100 g Butter
2 Eßl. Puderzucker.

Mandeln, Rosinen, Korinthen und Sukkade mit Rum vermischen. Über Nacht stehenlassen. Mehl, Hefe, Butter, Zucker, Salz, Ei und Vanilleextrakt in eine Schüssel geben. Lauwarme Milch zugeben. Alles zu einem geschmeidigen Teig verkneten. Zugedeckt etwa eine Stunde gehen lassen. Die Früchte unterkneten. Den Teig mit den Händen zu einem Rechteck auseinanderdrücken. Die eine Seite zu dreiviertel über die andere schlagen. Mit der Handkante etwas nachformen, so daß die typische Stollenform entsteht. Auf ein mit Backtrennpapier ausgelegtes Blech setzen. Nochmals eine Stunde gehen lassen. In den kalten Backofen schieben, auf 175 Grad/Gas Stufe 2 schalten und eine Stunde backen. Sofort mit der zerlassenen Butter bestreichen. Nach dem Abkühlen mit Puderzucker bestäuben.

Marzipan-Buchstaben

Persönlicher geht es nicht: Die Initialen des Beschenkten werden aus Marzipan geformt und gebacken.

200 g Mehl
100 g Zucker
1 Ei
150 g Butter oder Margarine
200 g Marzipanrohmasse
30 g kandierte Früchte (oder Zitronat und bunte Belegkirschen).
Diese Teigmenge ergibt etwa 25 Stück.

Mehl, Zucker, Ei, weiches Fett und die Marzipanrohmasse mit den Knethaken des elektrischen Handrührers verkneten. Zehn Minuten kühl stellen und dann in einen Spritzbeutel mit Sterntülle füllen. Die Initialen (oder einfache Teighäufchen) auf ein mit Backtrennpapier ausgelegtes Blech spritzen. Zügig weiterverarbeiten, damit der Teig nicht zu warm und weich wird. Die kandierten Früchte in feine Schnitzel schneiden und die Küchlein damit verzieren. In den kalten Backofen schieben, auf 180 Grad/Gas Stufe 2 schalten. Etwa 25 Minuten backen.

Mandelsplitter
Für etwa 30 Stück brauchen Sie:
200 g Mandelstifte
200 g Schokolade (Vollmilch-, Zartbitter- oder weiße Schokolade).
Mandelstifte in zwei Portionen in einer Pfanne ohne Fett hellbraun rösten. Schokolade im Wasserbad schmelzen. Mandeln und die jeweilige Schokolade vermischen. Mit zwei Teelöffeln längliche Häufchen auf eine mit Alufolie ausgelegte Platte setzen. Die Mandelsplitter über Nacht im Kühlschrank fest werden lassen.

Nuß mit Bruch

Das geht ganz einfach und schnell. Etwa 300 Gramm Walnüsse, Haselnüsse und Erdnüsse auf mit Öl bestrichene, extrastarke Alufolie streuen. Die Ränder der Alufolie leicht hochbiegen. 450 Gramm Zucker mit einem Viertelliter Wasser kochen, bis der Zucker schmilzt und die Masse dick und hellbraun wird. Den heißen Zuckersirup sofort über die Nüsse gießen. Ist alles abgekühlt, die Nußzuckermischung in Stücke brechen. Achtung: Diese Mischung enthält 4055 Kalorien – also 16.974 Joule!

Aprikosenkonfekt

200 g Marzipanrohmasse
75 g Puderzucker
1 Teel. Aprikosenlikör
100 g kandierte Aprikosen (aus dem Reformhaus)
100 g Kuvertüre.

Marzipanrohmasse mit Puderzucker und Aprikosenlikör verkneten. Aprikosen fein würfeln. Unterkneten. Eine fingerdicke Rolle formen und in etwa fünf Zentimeter lange Stücke schneiden. Kuvertüre im Wasserbad schmelzen. Die Rollen mit beiden Enden in die Kuvertüre tauchen. Auf einem Kuchengitter trocknen lassen.

Zuckerkränze

Für den Bunten Teller, als Tannenbaumschmuck, als Paketzierde, als Kettenschnur: Die Kränze sind zum Anbeißen schön und leicht zu backen.

Rezept
350 g Mehl
200 g Puderzucker
200 g Butter oder Margarine
3 Eier
1 Prise Salz
1 Päckchen Vanillinzucker
etwa 100 g kleine bunte Zuckerperlen zum Bestreuen (ersatzweise Hagelzucker oder gehackte Mandeln).

Mehl mit Puderzucker, Fett in Flöckchen, einem Ei, zwei Eigelb, Salz und Vanillinzucker verkneten. Den Teig eine halbe Stunde kalt stellen. Auf Klarsichtfolie etwa einen halben Zentimeter dick ausrollen. Mit zwei verschieden großen Ausstechformen oder Gläsern Ringe von etwa acht Zentimeter Durchmesser ausstechen. Auf ein mit Backtrennpapier ausgelegtes Backblech legen. Die Oberfläche mit verschlagenem Eiweiß bestreichen und mit Zuckerperlen bestreuen. In den kalten Backofen schieben, auf 175 Grad/Gas Stufe 2 schalten und etwa 20 Minuten backen (das zweite Blech nur 15 Minuten). Auf einem Kuchengitter abkühlen lassen.

BEISSEN SIE MAL INS RADIO

Auch die Kanne und der Teddy sind aus Honigkuchenteig gebacken, im Riesenformat von DIN A4. Malen Sie sich diese oder eigene Motive, die zu dem Beschenkten passen sollten, vorher auf Papierschablonen auf. Das Backen und Bemalen mit Zuckerguß geht rasch, aber der Teig muß rechtzeitig angerührt werden, weil auch er über Nacht ruhen muß. Die Teigmenge reicht für sechs Figuren.

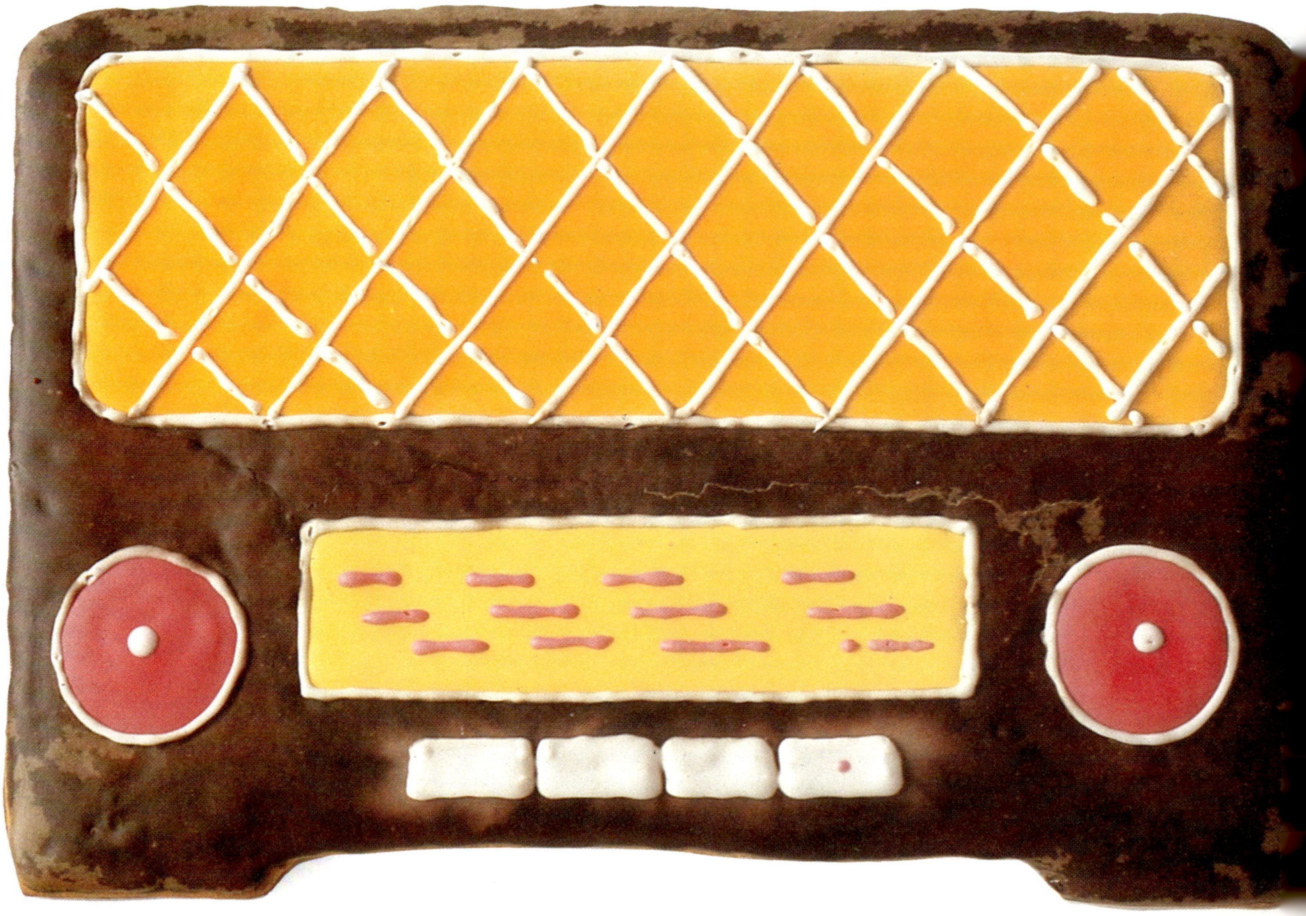

Teig
250 g Honig
500 g Zucker
125 g Butter oder Margarine
1/4 l Milch
20 g Hirschhornsalz
2 Eier
2 Teel. Zimt
1/2 Teel. gemahlene Nelken
1 Teel. Kakao
1250 g Mehl
Mehl zum Ausrollen.

Guß
2 Eiweiß
300 bis 400 g Puderzucker
Lebensmittelfarben
Kakao.

Honig, Zucker, Fett und Milch in einen Topf geben und erhitzen. Lauwarm werden lassen. Hirschhornsalz unterrühren. Ganz abkühlen lassen. Eier, Zimt, Nelken, Kakao und Mehl unterrühren. Über Nacht zugedeckt stehenlassen. Die Motive auf dünnen Karton malen (DIN A4) und die Schablonen ausschneiden. Teig portionsweise auf etwas Mehl etwa einen halben Zentimeter dick ausrollen. Schablone bemehlen und darauflegen. Konturen mit einem Messer ausschneiden. Auf ein mit Backtrennpapier ausgelegtes Backblech legen. Dabei genügend Zwischenraum lassen, die Figuren gehen auf. (Auf ein normalgroßes Backblech passen zwei Figuren.) In den Backofen schieben, auf 200 Grad/Gas Stufe 3 schalten und das erste Blech 20 Minuten, jedes weitere Blech 15 Minuten backen. Figuren auf einem Kuchengitter abkühlen lassen. Die entsprechenden Schablonen auf die gebackenen Figuren legen und die Markierungslinien der Motive mit einer Nadel in den Teig stechen. Für den Guß Eiweiß und Puderzukker verrühren. Eventuell etwas Wasser zufügen, der Guß muß fest sein. Auf kleine Schüsselchen verteilen, nach Belieben mit Speisefarbe und Kakao färben. Für große Flächen einen flachen, kleinen Borstenpinsel zum Auftragen benutzen. Für Linien und kleine Flächen den Guß in einen kleinen Plastikbeutel füllen, eine Ecke knapp abschneiden und Linien und Flächen spritzen. Kekse zum Trocknen an einen kühlen, luftigen Platz legen.

AM FREMDEN HERD ZUBEREITET

Was gut schmeckt, können Sie auch – nach vorheriger Absprache – beim Gastgeber zubereiten. Alle Zutaten sind natürlich mitzubringen.

Luxus-Feigen Dieses raffinierte Gericht schmeckt besonders gut als Vorspeise zum Aperitif. Einen Viertelliter Portwein mit einer ganzen Zitronenschale zum Kochen bringen. 250 Gramm getrocknete Feigen zehn Minuten darin ziehen lassen. Die Feigen herausnehmen und in einer Mischung aus grob gemahlenem schwarzem und weißem Pfeffer wälzen.

Aebleskiver

Das ist dänisch und heißt Apfelscheiben. Aber das ist typisch dänische Tarnung, denn Äpfel sind nicht dabei, wohl aber etwas Bier. Freundin Erny von der Insel Fünen hat mir das Rezept geschenkt. Gebacken werden die Aebleskiver in einer Spezialpfanne mit halbkugeligen Vertiefungen – und man ißt sie frisch aus der Pfanne.

250 g Mehl
3/8 l Milch
4 Eier
175 g Margarine
1 EL Bier
1 Messerspitze Backpulver
Salz
25 g Zucker
Fett zum Backen.

Mehl mit der Hälfte der Milch glattrühren, Eier trennen, Eigelbe zum Teig geben, übrige Zutaten untermischen, zum Schluß das steifgeschlagene Eiweiß unterziehen. Pfanne erhitzen, in jede Vertiefung etwas Fett geben, dann die Vertiefungen zu 3/4 mit Teig füllen, backen, bis der Teig braun wird, wenden und fertigbacken.

Holländischer Kaffee

Für eine Portion brauchen Sie:
50 ccm (knapp zwei Likörgläser) Eierlikör
100 ccm (eine halbe Tasse) heißen Filterkaffee
1 Messerspitze Kardamom
2 Eßl. Schlagsahne
1 Teel. geraspelte Zartbitter-Schokolade.

Eierlikör in einer Tasse im Wasserbad erhitzen und in ein vorgewärmtes feuerfestes Glas füllen. Den heißen Kaffee mit Kardamom würzen und langsam darübergießen. Die Schlagsahne auf den Kaffee setzen, mit den Schokoladenraspeln bestreuen und den holländischen Kaffee sofort servieren.

O SÜSSE WEIHNACHTSZEIT

Weihnachtszeit ist Zuckerzeit, Zucker allüberall! Deshalb erlaube ich mir, Ihnen (nicht nur Hans und Ina) das Zähneputzen zu predigen. Zucker ist der Hauptfeind unserer Zähne. Alle Speisereste hinterlassen auf der Zahnoberfläche einen Belag (Plaque), in dem sich rasch Bakterien ansiedeln. Kommt Zucker dazu, vergären die Plaque-Bakterien den Zucker, und das Ganze wird zur Säure, die den Zahnschmelz angreift. Beschädigter Zahnschmelz bedeutet Karies. Andere Giftstoffe aus der Plaque reizen oder entzünden das Zahnfleisch und können zu Parodontose führen. Wirklich sauber bleiben die Zähne nur, wenn sie regelmäßig nach jeder Mahlzeit gründlich gebürstet und gespült werden.

Diese Prozedur hat bei uns dazu geführt, daß das Naschen eingeschränkt und auf bestimmte Tageszeiten festgelegt wurde. Es ist ja auch zu mühsam, nach jedem Keks, Schokoladenplätzchen oder einer Stollenstulle ins Badezimmer zu stürmen. Allerdings, die genaue Kontrolle habe ich bei den Kindern in dieser Zeit nicht. Aber es kommen ja magere 334 Tage auf uns zu – den Naschmonat Dezember zähle ich lieber nicht mit!

Wohin mit dem Weihnachtsgebäck?

Oblaten-Lebkuchen bleiben appetitlich im Frischhaltebeutel und im Brotkasten.

Sirup- und Honiggebäck, Braune Kuchen, Lebkuchen ohne Oblatengrundlage und Pfefferkuchen brauchen Luft. Am besten sind

sie in offenen Dosen untergebracht.
Mögen Sie die Lebkuchen lieber knusprig, kann das Gebäck im trockenen, geheizten Raum liegen.

Stollen einfach in Alufolie einschlagen und kühl lagern.

Dominosteine sollen frisch gegessen werden. Die feine Geleefüllung verträgt keine langen Lagerzeiten.

Alle anderen Plätzchen am besten in gut schließenden Blechdosen aufbewahren. Wichtig ist, daß die Kekse nach dem Backen gut auskühlen, ehe sie verpackt werden. Jede Plätzchensorte für sich aufbewahren, damit sich intensive Aromen wie zum Beispiel Zimt und Kardamom nicht auf alle Kekse übertragen.

Butterplätzchen erst kurz vor dem Fest backen, sie schmecken frisch am besten.
Oder: Sie frieren den fertigen Teig einfach ein und backen die Plätzchen kurz vor dem Kaffeetrinken.

Was tun mit den Resten?

Es ist immer dasselbe: Um Ostern herum bleibt nach der Kocherei und Backerei viel Eiweiß übrig, in der Weihnachtszeit ist es das Eigelb. Entweder vermische ich es mit etwas Salz und Öl und bestreiche damit die Butterkekse, oder ich koche das Eigelb in Salzwasser wie pochierte Eier, bis es kalt ist. Dann wird es mit gehackten Gewürzgurken und Quark als Brotaufstrich verwendet. So zubereitet schmeckt es auch gut zu grünem Salat mit Tomaten und Kräutern.

7. KAPITEL

SALZIGE GESCHENKE …

… für Feinschmecker und vor allem für Freunde, die kalorienbewußter leben wollen

Hummer ist der beste Koch

So heißt es in Feinschmeckerkreisen. Warum nicht einmal einen fertig gekochten Hummer verschenken? Natürlich nur an einen lieben Menschen, den man ganz besonders verwöhnen möchte. Angerichtet ist der rote Hummer auf zerknittertem Glaspapier, das kühles Eis symbolisiert.

Die Überraschung und die liebevolle Art des Anrichtens bringt die Freude. Daß Sie daran gedacht haben, daß Margit so gern Wackelpeter ißt und Mario für Soleier schwärmt – das ist es, was das Geschenk so wertvoll macht.

Seien Sie hellhörig, wenn Freunde, Bekannte und Verwandte im Gespräch von ihren Lieblingsspeisen erzählen. Machen Sie sich eine kleine Notiz – in Zukunft wissen Sie, wie Sie den Geschmack richtig treffen. Zum Beispiel bei Hartwig mit dieser süßsauren Mischung aus Ingwer und Birnen, die so köstlich zu allen Wildbraten schmeckt.

Ingwerbirnen mit Preiselbeeren

375 g Preiselbeeren im Glas
400 g Zucker
8 Birnen
1/4 l Apfelessig
1 Stück Ingwer (etwa 5 cm)
1 Limone (oder unbehandelte Zitrone).

Preiselbeeren mit einem Achtelliter Wasser und 200 Gramm Zucker leicht kochen lassen. Birnen schälen, halbieren und das Kerngehäuse entfernen. Apfelessig, einen Viertelliter Wasser, restlichen Zucker und geschälten, in Scheiben geschnittenen Ingwer aufkochen und die Birnen darin knapp gar dünsten. Birnen herausnehmen und mit den Preiselbeeren und Limonenscheiben in ein Glas schichten. Den Sud weitere zehn Minuten einkochen lassen und heiß über die Birnen füllen. Das Glas sofort gut verschließen. Haltbarkeit etwa zehn Tage.

Rosa Soleier

Nicht nur für Mario! Ich habe festgestellt, daß Männer sie lieber mögen als Frauen. Vielleicht in Erinnerung an die Junggesellenzeit und die Kneipe um die Ecke? Hier das Rezept: Kleine Hühnereier in Essigwasser und Rote-Betesaft hart kochen. (Ein Schuß rote Speisefarbe kann nicht schaden.) Die Eier abschrecken und die Schalen rundherum ganz leicht etwas anknicken. Drei Liter Wasser mit 200 Gramm Salz kochen und abkühlen lassen. Diesen Sud über die Eier gießen. Nach gut 24 Stunden sind die Soleier soweit, daß man sie mit Senf, Pfeffer, Essig, Öl, Worcesterwürze oder einem Spritzer Chilisoße essen kann.

Grüner Wackelpeter

Mit grüngepunkteten Schleifen garniert, zittert er in einer ovalen Auflaufform vor sich hin. Über den Weihnachtsgruß auf dem Grund der Schale ist vor dem Eingießen Klarsichtfolie gelegt worden. Das Rezept steht auf jeder Wackelpeterpuddingtüte.

Kräuteressig

Estragonstiele mit etwas Dill und einem Liter feinstem, kochendem Weinessig übergießen. Dann den Sud eine Woche kühl und dunkel aufbewahren, ehe er in Geschenkflaschen abgefüllt wird. Auch Rotweinessig kann man mit Kräutern wie Rosmarin, Estragon, Majoran oder Thymian anreichern und abfüllen.

Matjes mal mager

Das geht mit diesem Rezept:
1/4 l Rotwein
1/4 l Rotweinessig
Süßstoff für knapp 250 g Zucker
1 Messerspitze Piment
je 5 schwarze und weiße Pfefferkörner
1 Teel. Senfkörner
2 Lorbeerblätter
3 Nelken, 1 kleine frische Ingwerwurzel
1 große rote Zwiebel
1 Möhre, 7 bis 8 Matjesfilets.

Rotwein und Rotweinessig mit Süßstoff, Piment, Pfefferkörnern und Senfkörnern aufkochen. Lorbeerblätter, Nelken und den in dünne Scheiben geschnittenen Ingwer in den kochenden Sud geben und den Topf vom Herd nehmen. Zwiebel und Möhre in dünne Scheiben schneiden, dazugeben und erkalten lassen. Die Matjesfilets abspülen und zusammen mit dem Gemüse in einen hübschen Heringstopf schichten, den Sud darübergießen. Im Kühlschrank vier Tage ziehen lassen.

Ein Herz aus Sülze

Das ist eine Feinschmeckerei mit wenig Kalorien. Die Herzform (es kann auch eine andere Form sein) muß einen Liter Fassungsvermögen haben. Sie brauchen:

3/4 Liter Hühnerbrühe (Instant)
1/4 Liter trockener Weißwein
1 Möhre
je 1 kl. Paket tiefgekühlte feine Erbsen und Prinzeßbohnen
1 Stange Staudensellerie
200 g gepökelte Zunge
1 Glas Wachteleier
Salz, Pfeffer, Essig
6 Blatt Gelatine.

Brühe und Weißwein aufkochen und das Gemüse darin garen lassen. Inzwischen die Zunge in Rhomben schneiden, die Wachteleier halbieren. Das Gemüse aus dem Topf nehmen. Die Brühe auf etwa 1/2 Liter einkochen lassen und sie mit Salz, Pfeffer und Essig würzen. Gelöste Gelatine nach Gebrauchsanweisung in den Sud rühren. Alles vom Feuer nehmen und etwas abkühlen lassen. In die Form eine Sudschicht gießen, darüber die Zutaten dekorativ anrichten. Darauf achten, daß der untere Teil nach dem Stürzen die obere Ansichtssache wird! Alles mit dem restlichen Sud begießen und die Schale einige Stunden kalt stellen, bis die Masse ganz erstarrt ist. Vor dem Stürzen die Form kurz in heißes Wasser tauchen. – So viel Grün sollte auch auf einer grünen Unterlage verschenkt werden.

Sardellenbutter
Eine Spezialität für Genießer – aber sehr kalorienreich! 250 Gramm salzige Butter schaumig rühren und eine kleine Tube Sardellenpaste darunterkneten, bis alles gut vermischt ist. Einen Spritzer Zitronensaft und eine Messerspitze weißen Pfeffer zugeben. Die Sardellenbutter in ein Steingutgefäß füllen, die Oberfläche glattstreichen und sie mit dünnen Zitronenscheiben und Olivenringen garnieren. Der Deckel muß gut schließen, damit das Aroma erhalten bleibt.

DER GEWÜRZKRANZ

Wer fühlt sich nicht geschmeichelt durch einen überreichten Lorbeerkranz! Unterlage ist ein Styroporring, auf dem mit Draht viele, viele Lorbeerblätter befestigt werden. In der Kranzmitte vereinigen sich Zweige aus Thymian, Beifuß, Bohnenkraut, Muskatnüsse (auch auf Draht gezogen) und Zimtstangen.

DER DUFTENDE STRAUSS

Er besteht aus Blumenkohlröschen, die auf Draht gespießt wurden, aus allen frischen Kräutern, die es jetzt gibt, und aus aufgespießten Knoblauchknollen. Um das ganze Bündel wird eine adrette Papiermanschette gewunden. Wer will, kann diesen Würzstrauß mit einem Kochtopf oder einer Bratpfanne verschenken.

REZEPT
FÜR EINE
SAUCE

EINE ARTISCHOCKE

Sie präsentiert sich auf einem besonders schönen Set oder einer Stoffserviette. Das ist ein passendes Mitbringsel für konsequente Diäthalter oder Vegetarier. Das Rezept für die magere, aber gut schmeckende Soße, die dazu paßt, steht auf der Rückseite des Geschenkanhängers.

Zubereitung:
1 Schalotte
3 Eßl. trockener Weißwein
Salz, Pfeffer
2 Eßl. Crème fraîche.
Schalotte fein hacken und zusammen mit Salz, Pfeffer und dem Weißwein bis auf einen Eßlöffel einkochen. Crème fraîche zum Schluß darunterrühren. Diese Menge reicht für eine Artischocke.

Und noch zehn Geschenkideen für Feinschmecker

- ☐ Eine Salz- oder Pfeffermühle
- ☐ Samentütchen für Küchenkräuter in einem Blumentopf
- ☐ Ein großes Stück Parmesankäse
- ☐ Ein Glas mit gefüllten Oliven
- ☐ Sojasoße und chinesische Glasnudeln
- ☐ Selbsteingelegter Kürbis oder eingelegte Senfgurken
- ☐ Eine Dauerwurst, verpackt in einem Geschirrtuch
- ☐ Selbstgesätes Kressebeet in einer großen flachen Schale
- ☐ Ein Korb mit frischem Gemüse
- ☐ Verschiedene Nudelsorten in Klarsichttüten: Spaghetti, Muscheln, Schleifen, Sternchen, Röhren, Hütchen, Spiralen und was es sonst noch alles gibt.

Geldkette

Verschieden große Münzen und Bonbons abwechselnd in einen langen Streifen Küchenfolie wickeln. Jedes Stück mit Goldband abbinden. Die gewichtige Kette um einen Adventskranz legen (es muß nicht immer Buchsbaum sein). Oder hängen Sie die Kette einfach unten in den Weihnachtsbaum.

8. KAPITEL

SO VERSCHENKEN SIE GELD...

...ganz persönlich und bildschön verpackt

GELDGESCHENKE

Oft ist ein Geldgeschenk die willkommenste Gabe. Sie sollten die Scheine und Münzen allerdings so einfallsreich und phantasievoll verpackt wie möglich überreichen. Kopfzerbrechen gehört dazu, damit der Geldempfänger spürt, hier wird nicht gezahlt, sondern wirklich geschenkt. Zehn gute Beispiele beweisen, wie aus Geld ein ganz persönliches Geschenk wird.

Kassensturz

Eine Spielzeugkasse wurde silbern angesprüht und über und über mit Flitter bestreut. Scheine und Münzen liegen ordentlich im Schubfach. Durch einen Hebeldruck öffnet sich die Kasse mit lautem Klingeln.

Geldbaum

Wüchsen in Wirklichkeit Münzen auf dem Geldbaum – er wäre die gehegteste Pflanze der ganzen Welt. Nur zu Weihnachten – und bei entsprechender Vorbereitung – zeigt er diese Blüten: Silbermünzen in Schillerfolie gewikkelt, hängen an langen Bändern herab.

Steinreich

Münzen, Schokoladengeld, winzige Christbaumkugeln und Fischkiesel (Zoohandlung) füllen ein kleines Aquarium. Im schlichten Einmachglas ist diese bunte Mischung genau so willkommen.

Monatslohn

Genau eingeteilt – von Januar bis Dezember – ist dieses durchsichtige Kästchen, das eigentlich für Schrauben bestimmt ist. Mit einem silbernen Filzstift erhält der Dekkel seine einteilende Aufschrift. Auf buntem Seidenpapier liegen die Münzen. Ein großzügiges Taschengeldgeschenk für Kinder.

Flaschenpost

Die Geldscheine zusammenrollen und mit Goldschnur umwickeln. Zusammen mit einer Girlande oder grünen Zweigen und bunten Bonbons in eine leere Flasche schieben und gut verkorken.

Eiergeld

Aus Eierkarton geschnitten und mit dünner blauer Papierfolie überzogen, prunkt dieser auffällige Stern unterm Tannenbaum. In den Vertiefungen liegen Münzen und allerlei Krimskrams.

Klammergeld

Ein rotes Band und Haarklemmen halten die Zehnmarkscheine hübsch zusammen: Ein Geschenk für ein junges Mädchen. Je nach Empfänger eignen sich auch richtige Geldklammern oder bunte Wäscheklammern.

TALER, TALER, DU MUSST WANDERN

So heißt es in einem alten Kinderlied. Um Weihnachten herum können wir alle ein sehr heutiges Lied davon singen. Der Müllmann, die Briefträgerin, der Hauswart, der Babysitter, Zeitungsjunge, Paketbote oder andere freundliche Helfer freuen sich, wenn man an sie denkt und Bares überreicht. Wohlgemerkt, es ist kein Muß, aber nun mal Sitte geworden. Auf meiner Kommode im Flur steht in dieser Zeit immer eine Dose mit Münzen. Damit ich nicht lange suchen muß, wenn ein netter Mensch an der Tür „Fröhliche Weihnacht" wünscht.

Weihnachtsgeld

Eine kleine Collage ist hier auf fester, überzogener Pappe angebracht. Zwei Geschenkpakete (große Streichholzschachteln), eine altmodische Postkarte, ein rosa Kringel und ein gläserner Glückspilz umrahmen die Hauptsache: einen Hundertmarkschein in knisterndem Glaspapier (Foto links).

Geldgürtel

Der Rubel rollt in einem Gürtel aus Plastikfolie. Zum Gürtelschneidern brauchen Sie eine Nähmaschine und etwas Talent. Die Breite des Gürtels ist etwa 3 ½ Zentimeter. Zwei lange Streifen an einer Längsseite zusammensteppen, die Taschen abnähen, mit den Münzen füllen, dann die zweite Längsnaht steppen. Am Ende eine Gürtelschnalle oder zwei Bindebänder befestigen.

DER 24

9. KAPITEL

DEZEMBER IST DA …

… und der Heilige Abend dauert den ganzen Tag

DER GROSSE TAG BEGINNT

Ein paar Lamettafäden, die morgens auf der Bettdecke liegen, beweisen den Kindern, daß ein Engel oder das Christkind in der Nacht kurz vorbeigekommen ist und Spuren hinterlassen hat. Der große Tag beginnt schon am Morgen verheißungsvoll – und er sollte es den ganzen Tag bleiben.

Diese schönen aufregenden Stunden prägen sich ins Kindergemüt tief ein und bleiben eine Erinnerung für das ganze Leben. Wir Erwachsene wissen das, deshalb sollten wir den Zauber, der über dem 24. Dezember liegt, erhalten und weitergeben. Herrscht während der Festvorbereitung Hektik und Streß, lassen wir die Kleinen merken, daß sie stören und nerven, können wir keinen harmonischen Heiligen Abend erwarten. Schreckliche Vorstellung: Erst kommt das Chaos, Streit zwischen Erwachsenen und Kindern, Drohungen, Tränen, Türenschlagen – und brennen dann die Kerzen am Baum, soll sich plötzlich Feierlichkeit und ein Verbundenheitsgefühl einstellen! Erzwungenes Wohlverhalten macht die Kleinen mißtrauisch und unsicher, und die Großen plagen sich mit einem schlechten Gewissen herum. Nein, so muß es nicht sein.

Es lebe der Weihnachtsplan!

Zugegeben, man kann im Leben nicht alles planen und nach Plan durchführen, gerade das Unerwartete hat ja auch seinen Reiz und seinen Charme. Wer aber mit und in der Familie harmonisch Weihnachten feiern will, der braucht sogar einen oberbuchhalterisch genauen Plan, fast eine Art Drehbuch. Dieses Drehbuch hat seinen Sinn, weil es Hektik vermeiden hilft, Zeit schenkt und Ruhe gibt.

Wer beschäftigt die Kinder bis zur Bescherung? Wer holt die Großeltern ab? Was soll auf den Tisch gebracht werden? Welche alleinlebenden Freunde laden wir ein? Wie vermeiden wir, daß die Hausfrau das Fest in der Küche verbringt? Wer schmückt den Baum? Wer kümmert sich um die Krabbelkinder? Was unternehmen wir am ersten und am zweiten Feiertag? Wie machen wir es uns so schön und gemütlich wie möglich?

Diese Fragen gemeinsam mit den größeren Kindern rechtzeitig geklärt – sichern den Familienfrieden, weil jeder seine Aufgaben kennt und keiner sich überfordert fühlt.

Deshalb lebe der Weihnachtsplan dreimal hoch!

Weihnachten 1904: Solche aufklappbaren Grußkarten waren seinerzeit sehr beliebt. Neben Liebesbrief und zwitschernden Vögeln fehlten niemals blühende Rosen und Vergißmeinnicht.

Gute Engel gehören dazu

Das sind Freunde, Nachbarn, Tante, Onkel, Großmutter, Großvater oder größere Geschwister, mit denen vorher (planmäßig!) das Kinderprogramm besprochen wurde. Diese guten Engel gehen mit den Kindern ins Kino, machen mit ihnen einen Schaufensterbummel, begleiten sie zum Schlittschuhfahren oder zum Rodeln oder besuchen ein Krippenspiel. Oder die Engel basteln mit den Kindern, zum Beispiel eine Krippe für den heutigen Abend. Scherenschnitte können gemacht werden, man kann gemeinsam Schallplatten und Kassetten anhören oder auch einen Fernsehfilm angucken. Manchmal wird auch vorgelesen oder ein Märchen mit verteilten Rollen gespielt. Brett- und Kartenspiele, Schreibspiele und Gesellschaftsspiele haben jetzt ihre größte Zeit. Bei der kinderlosen Nachbarin Frau Bauer ist an jedem 24. Dezember ab 11.00 Uhr morgens ein Kinderempfang. Sie liest Weihnachtsgeschichten vor; später können sich dann die Kinder verkleiden mit allerlei alten Hüten, Stoffen, Tüchern, Kleidern, die Frau Bauer bereitgelegt hat. Als Getränk gibt es Früchtetee mit Sternanis, als Punsch ausgegeben, der löscht den Durst besser und ist weniger kalorienreich als Limonaden und andere zuckerhaltige Getränke. Um folgendes Spiel wird sie immer wieder gebeten, es kostet Frau Bauer viel Geduld, aber sie macht mit: Jedes Kind bekommt eine alte Zeitung, eine Schere, und jeder schneidet daraus Wörter und Sätze heraus und klebt sie zu einer Geschichte zusammen. Manchmal läßt sie die Kinder auch ihren allerschönsten Weihnachtsbaum malen. Alle fertigen Malereien werden im Treppenhaus aufgehängt, und die Nachbarn freuen sich immer wieder über diese Bildergalerie.

Gemalt von Christine, fünf Jahre alt

DAS ANGELSPIEL

Das macht nicht nur den Kindern Spaß, sondern auch Erwachsenen (Foto nächste Seite). Die Außenwände des Papp-Aquariums bekommen ein neues Papierkleid, und an den Angelleinen werden kleine Haken aus Blumendraht befestigt. Winzige Geschenke, hübsch verpackt und mit großen Schleifen geschmückt (damit man sie auch angeln kann!), werden im Teich versenkt und dürfen nacheinander herausgefischt werden. Fröhlich und unterhaltsam wird das Angelspiel, wenn auch witzige Sprüche, Verse und Aufgabenbriefchen herausgefischt werden. Sprüche und Verse müssen laut vorgelesen, die Aufgaben sofort erfüllt werden. Zum Beispiel: fünf Kniebeugen machen, ein Lied singen, einen Schauspieler imitieren, stumm ein Tier nachahmen, das von allen geraten werden muß – und so weiter.

Für größere Gesellschaften hat sich statt Angelteich eine verkleidete Kiste bewährt. Eine Decke wird darüber gelegt, und jeder Gast greift abwechselnd hinein. Die Gäste bringen kleine verpackte Geschenke und viele Spielaufgaben mit und lassen sie in der Kiste verschwinden.

Freundin Gisela veranstaltet gemeinsam mit ihrem Freund und mehreren Kindern eine großangelegte Schatzsuche. Draußen im Stadtpark teilt sich die Kindergruppe in zwei Parteien auf. Eine Partei versteckt den Schatz, die andere muß ihn suchen. Wie bei einer Schnitzeljagd hinterlassen die Verstecker aller-

lei Wegweiser in Form von Markierungen mit Kreide, Papierschlangen oder Geäst. Die Sucher werden kreuz und quer geschickt, ehe sie den Schatz finden.

Ina, Hans und zwei Nachbarskinder fahren mit Onkel Peter und seinem Auto durch unbekannte Gegenden. Jedes Kind bestimmt nacheinander, durch welche fremden Straßen es geht. Diese Autofahrt schmeckt jedes Jahr wieder nach Abenteuer, zumal wenn es dämmert und ab und zu einmal ausgestiegen wird.

Hier werden kleine Geschenke geangelt

ENGEL SIND SO UNTERSCHIEDLICH WIE MENSCHEN

Das hat Brigitte mal festgehalten, als sie Kinder am Weihnachtstag Engel malen ließ und die Kinder bat: Schreibt mal auf, wie stellt ihr euch die Engel überhaupt vor. Das Ergebnis war himmlisch:

☐ Ich glaube, daß nur Frauen Engel werden können.

Beate, 10 Jahre

☐ Engel schweben immer am Himmel rum, nur zum Essen und Trinken kommen sie runter, weil es oben nichts gibt. Engel müssen nachts auf dem Bauch schlafen, weil sie sonst über Nacht ihre Flügel verknüllen und weil man die nicht bügeln kann. Wenn es am Himmel dunkel wird, dann können Engel nichts mehr sehen. Aber dann fangen sie an, ganz gelb zu leuchten wie Glühwürmchen.

Ihr Alter hatte Petra leider nicht angegeben.

☐ Gott schickt die Engel auf die Erde, und sie helfen uns in der Schule beim Denken, auf der Straße beim Straßenüberqueren, und in der Nacht stehen sie an unserem Bett.

Sophia, 8 Jahre

☐ Wenn die Menschen etwas Böses tun, was der Teufel verursacht, dann versucht der Engel den Menschen umzustimmen. (Das scheint aber nicht immer zu gelingen).

Nicole, 13 Jahre

□ Engel sind die Diener von Gott. Manche backen, machen die Arbeit auf dem Feld. Nur sie haben keine Autos, keine Fabriken und keine Sachen, die Strom verbrauchen.

Melanie, 7 Jahre

□ Engel tun für die Menschen nur etwas, wenn sie gebetet haben. Es gibt männliche Engel. Sie dürfen nur keinen Bart oder Schnurrbart haben.

Maren, 8 Jahre

□ Früher haben die Engel die Botschaft Gottes überbracht. Was sie jetzt tun, weiß ich nicht.

Alena, 9 Jahre

□ Alle müssen zur Engelsschule. Sie haben einen Stundenplan wie wir, nur sie haben keine Erdkunde. Das braucht man im Himmel nicht.

Anja, 8 Jahre

□ Engel sind bestimmt auch nicht immer glücklich, denn sie sind ja auch eine Art Mensch und haben auch Sorgen und Pflichten.

Louisa, 10 Jahre

Dieses Spiel können Sie am Weihnachtstag als Beschäftigungsspiel wiederholen. Und die Umfrage auf den Teufel, das Christkind, den Weihnachtsmann oder den Mond ausdehnen.

Gemalt von Christine, fünf Jahre alt

Die Hausapotheke sollte unbedingt Mittel für Magen und Darm enthalten. Pflaster, Sprühverband, Brandsalbe, Mullbinden ebenso wie Tabletten gegen Kopfschmerzen und Medikamente gegen Erkältungen.

Schwarzer Tee, Kamillen-, Fenchel- und Pfefferminztee, Zwieback und Milch haben schon manchen Bauchschmerz gelindert.

Eine Liste neben dem Telefon mit den Rufnummern von Hausarzt, Notarzt, dem nächsten Krankenhaus, der Giftzentrale, den diensthabenden Zahn- und Tierärzten, der Polizei und der Feuerwehr erleichtert im Falle eines Falles schnelle Hilfe.

Kontrollieren Sie, ob Fleckentfernungsmittel vorhanden sind, Sicherungen, Glühbirnen, Löschpapier (um Wachsflecke auszubügeln), genügend Tiernahrung für Hund, Katze, Kaninchen und Vögel – auch für die vor dem Fenster.

Mineralwasser, Obstsäfte und alle Getränke für die Festtage können Sie schon Ende November ins Haus holen oder bringen lassen. Herbschmeckende Getränke, wie zum Beispiel Pampelmusensaft, tun dem Magen gut, weil die Verdauungssäfte in Schwung kommen.

Ob man nun im Selbstbedienungsparadies einkaufen geht oder ob man beim Lebensmittelhändler, Bäcker, Gemüsehändler, Schlachter die benötigten Waren bestellt: Notwendig ist ein Einkaufszettel, auf dem abgehakt wird, was schon besorgt wurde oder ins

Marzipankerze

Haus geliefert wird. Rechtzeitige Einkäufe und aufgegebene Bestellungen geben Ruhe – und die ist wichtig in einer Zeit, in der die Familie mehr denn je beieinander ist.

Alufolie und Klarsichtbeutel in verschiedenen Größen helfen besser als sperrige Behälter, die vorbereiteten und die übriggebliebenen Speisen praktisch im Kühlschrank unterzubringen. Gut verpackt, bleiben Lebensmittel auch auf dem Balkon frisch.

Alle Geschenke, auch die, die mit der Post kommen, in einem großen Korb sammeln. Mit roten Schleifen garniert sieht er richtig festlich aus. Nach dem Auspacken der Geschenke wandern alles Papier, alle Schleifen und Kordeln zurück in den Korb. Nach dem Fest kann der Korbinhalt auf seine Wiederverwendbarkeit geprüft werden, oder er verschwindet im Mülleimer.

Zünden Sie die Kerzen am Baum von oben nach unten an, damit Ihre Kleidung kein Feuer fangen kann. Von unten nach oben werden die Kerzen wieder gelöscht.

Brennen Sie die Kerzen am Baum schon vorher einmal kurz an, dann lassen sie sich anschließend viel schneller anzünden.

Kinder sollten weder am Heiligen Abend noch an den Weihnachtstagen fein herausgeputzt werden – auch für Besuche nicht. Praktische, bequeme Kleidung – Bodenwälzklamotten nennt es Ina – sind zum Wohlfühlen besser geeignet.

HIER DREHT SICH ALLES UM DAS ESSEN

Je nach Familientradition wird vor der Bescherung oder hinterher gegessen. Sind kleine Kinder im Haus, ist es praktischer, das große Festessen am ersten Feiertag aufzutischen. Am Heiligen Abend gibt es dafür einen kleinen Imbiß. Ob nun für die Familie oder Freunde gekocht, gebrutzelt und angerichtet wird – lassen Sie sich von diesen Vorschlägen anregen.

Karpfen blau

Für 4 Personen
Küchenfertiger Karpfen (1500 Gramm)
⅛ Liter Essig
Salz
⅜ Liter Wasser
⅛ Liter Weißwein
1 große Zwiebel
4 Pfefferkörner
1 Lorbeerblatt
½ Zitrone in Viertel geschnitten
Butter.

Den vorbereiteten Karpfen unter Wasser vorsichtig abspülen, damit die äußere Schleimhaut geschont wird. Innen leicht trockentupfen und salzen. Essig bis zum Sieden erhitzen, Fisch in eine Schüssel legen, Essig darübergießen und zehn Minuten ziehen lassen. Wasser und Wein und den Essig in einem großen Topf erhitzen. Zwiebel, Gewürze und die Zitronenstücke in den Topf geben. Karpfen vorsichtig hineinlegen und ihn etwa 20 Minuten darin ziehen lassen. Das Wasser darf niemals kochen, der Karpfen wird in leicht siedendem Wasser gar. Karpfen herausnehmen und auf einer Platte mit Zitronenscheiben und Salatblättern anrichten. Butter zerlassen und extra reichen. Dazu: Sahnemeerrettich oder grob geriebener Meerrettich, Salzkartoffeln.

Gans mit Maronen

(Foto S. 154/155)
Für 6 bis 8 Personen
1 kg Maronen (Eßkastanien)
Salz
weißer Pfeffer
1 küchenfertige Gans (etwa 4,5 kg)
1 Eßl. getrockneter Thymian
2 gehäufte Eßlöffel Speisestärke oder Soßenbinder
etwas Zucker.

Die Maronen waschen und in kochendes Wasser geben. Etwa fünf Minuten leicht kochen lassen. Dann die Maronen einzeln aus dem Topf nehmen, die Schale und die braune Haut mit einem scharfen Messer abziehen. Während des Schälens die restlichen Maronen im Wasser liegen lassen – es muß heiß bleiben, darf aber nicht mehr kochen. Die geschälten Maronen mit Salz und Pfeffer würzen. Innereien aus der Gans nehmen, die Gans (innen und außen) abspülen und mit Küchenkrepp trockentupfen. Die Fettdrüsen an der Schwanzoberseite herausschneiden. Die Gans von innen und außen salzen und mit Maronen und Thymian füllen. (Die übrigbleibenden Maronen später mit in die Bratenpfanne legen.) Die Bauchöffnung der Gans mit Holzstäbchen zustecken. Mit einer Gabel mehrfach in die Fettpolster stechen, damit das Fett während des Bratens herauslaufen kann. Nun die Gans mit der Brust nach unten auf die Fettpfanne legen und mit einem halben Liter kochendem Wasser übergießen. In den kalten Backofen schieben, auf 200 Grad/Gas Stufe 3 schalten und eine Stunde und 40 Minuten braten.

Gans auf den Rücken wenden und noch eineinhalb Stunden weiterbraten. Dabei den Bratenfond mit kochendem Wasser auffüllen und ab und zu über die Gans schöpfen. In den letzten 40 Minuten Bratzeit die restlichen Maronen in die Pfanne legen und mitgaren. Zehn Minuten vor Ende der Garzeit die Gans mit kaltem Salzwasser begießen, damit die Haut besonders knusprig wird. Die Gans auf eine vorgewärmte Platte setzen, mit Maronen umlegen und warm stellen. Inzwischen das Fett vom Bratenfond abschöpfen, und den Fond mit Wasser auf einen halben Liter Flüssigkeit auffüllen. Mit angerührter Speisestärke binden und die Soße mit etwas Zucker, Salz und Pfeffer abschmecken.

Macht Appetit:
brutzelnde Gans, mit
Maronen gefüllt

Kaninchen und Hähnchen mit Pflaumen

(Foto rechts)
Für 6 – 8 Personen
250 g getrocknete Pflaumen ohne Stein
1 Flasche trockener Rotwein (0,7 l; ersatzweise Brühe)
1 Hähnchen (etwa 1 kg)
1 küchenfertiges Kaninchen (frisch oder tiefgekühlt; etwa 1,5 kg)
3 Knoblauchzehen
Salz
frisch gemahlener Pfeffer
4 Eßl. Öl
500 g Möhren
½ Eßl. getrockneter oder 1 Bund frischer Thymian
1 Becher Schlagsahne (200 g).

Die getrockneten Pflaumen in eine Schüssel geben, mit Rotwein übergießen und mindestens eine Stunde stehenlassen. Hähnchen und Kaninchen kalt abspülen, mit Küchenkrepp abtrocknen und in Portionsstücke teilen. Knoblauch abziehen und in hauchdünne Scheiben schneiden oder zerdrücken. Das Fleisch mit Salz, Pfeffer und Knoblauch kräftig einreiben. Öl in einem Bräter oder einer Pfanne erhitzen und die Fleischstücke nacheinander darin von allen Seiten braun anbraten. Möhren putzen und in Scheiben schneiden. Das angebratene Fleisch in eine ofenfeste Schüssel oder einen Bräter legen. Die Pflaumen aus dem Rotwein nehmen und zum Fleisch geben. Mit dem Rotwein den Bratensatz loskochen und zusammen mit den Möhren über das Fleisch verteilen. Mit Thymian bestreuen und die Schlagsahne darübergießen. Die Form mit einem Deckel oder mit Alufolie verschließen und in den kalten Backofen schieben. Auf 200 Grad/Gas Stufe 3 schalten und etwa 70 Minuten schmoren. Folie oder Deckel abnehmen und noch etwa 15 Minuten im abgeschalteten Ofen stehenlassen. Dazu: Bauernbrot oder Baguette und gemischter Salat. Kaninchen und Hähnchen zusammen sind ein ideales Essen, wenn Sie Gäste erwarten: Es kann ruhig noch eine Weile länger im Ofen bleiben, falls Ihr Besuch sich verspätet. Das Fleisch wird dann noch zarter, die Soße noch sämiger. Achten Sie aber darauf, daß nichts ansetzt, und gießen Sie eventuell zwischendurch Sahne, Wein oder Brühe nach. Übrigens: Statt im Bräter oder in der Schüssel läßt sich das Gericht auch sehr gut in der Fettpfanne des Backofens zubereiten.

Eiszeit-Gans

Sie können die Gans schon Tage vorher vorbraten und einfrieren, um Zeit zu sparen: Lassen Sie sie bei 180 Grad/Gas Stufe 2 eineinhalb Stunden braten. Gans abkühlen lassen, in extrastarke Alufolie packen und mit einem frostfesten Klebeband umwickeln. Die Verpackung muß so fest wie möglich die Gans umschließen. Zum Essen die Gans zwölf Stunden bei Zimmertemperatur auftauen lassen und sie eine Stunde bei 180 Grad/Gas Stufe 2 fertigbraten. In den letzten 40 Minuten die vorbereiteten restlichen Maronen zugeben. In den letzten zehn Minuten den Backofen auf 220 Grad/Gas Stufe 4 schalten. Siehe Rezept auf Seite 153.

Pute mit Innenleben

Pute heißt der Vogel im Norden und Truthahn im Süden. Das Fleisch ist besonders zart, kalorienarm und enthält viel Eiweiß, Vitamine und Mineralstoffe. Kein Wunder, wenn die Pute der Gans inzwischen starke Weihnachtskonkurrenz macht.

Für 6 Personen
100 g Rosinen
8 Eßl. Portwein
1 küchenfertige Babypute (ca. 3 kg)
Salz
3 Zwiebeln
2 Eßl. Öl
3 Birnen
3 eingelegte Ingwerknollen
frisch gemahlener Pfeffer
½ Teel. Thymian
250 g Speckscheiben
750 g kleine Kartoffeln
1 Paket Speck (150 g)
1 Glas Maronen (460 g Einwaage).

Rosinen in Portwein über Nacht einweichen. Pute abspülen und trockentupfen. Von innen und außen salzen. Für die Füllung abgezogene Zwiebeln fein würfeln. Im heißen Öl glasig dünsten und abkühlen lassen. Geschälte Birnen und Ingwerknollen in Würfel schneiden. Rosinen, Zwiebeln, Birnen, Ingwer mischen und mit Salz, Pfeffer, zerriebenem Thymian würzen. Pute damit füllen. Öffnung mit Holzstäbchen und feinem Baumwollfaden verschließen. Pute mit Speckscheiben belegen und in die Fettpfanne legen. Im Backofen bei 180 Grad/Gas Stufe 2 etwa zwei Stunden braten. Inzwischen gewaschene Kartoffeln in Salzwasser kochen. Abpellen und um jede Kartoffel eine halbe Scheibe Speck wickeln. Mit einem Holzspießchen feststecken. Dann den Speck vom Puter herunternehmen und anderweitig verwenden. Maronen und Kartoffeln in die Fettpfanne geben und noch 20 bis 30 Minuten braten.

HIMMEL UND ERDE GOLD UND SILBER

Diese beiden Gerichte (und auch der Kokosnuß-Pfannkuchen) sind nicht als Weihnachtsspeisen bekannt, und doch klingen sie festlicher als alle anderen. Ihre Vorteile: Sie sind einfach in der Zubereitung und herzhaft im Geschmack.

Himmel und Erde

Für 4 Personen
1,5 kg Kartoffeln
Salz
500 g Kochäpfel
10 g Zucker
Essig
2 Zwiebeln
2 Eßl. Öl (30 g)
400 g Blutwurst
Petersilie.

Kartoffeln schälen, waschen, in Würfel schneiden und 15 Minuten in Salzwasser kochen lassen. Äpfel schälen, vom Kerngehäuse befreien und in Stücke schneiden. Zu den Kartoffeln geben und noch zehn Minuten mitkochen. Äpfel und Kartoffeln etwas stampfen oder mit dem Handquirl durchrühren. Mit Zucker und etwas Essig abschmecken. Zwiebelringe in Öl rösten. Die Blutwurstscheiben im Zwiebelfett anbraten. Zwiebelringe und Wurstscheiben auf dem Kartoffel-Apfelmus anrichten. Mit Petersilie garnieren.

Gold und Silber

Für 4 Personen
250 g getrocknete weiße Bohnen
Salz
500 g Rinderrippe
1 Bund Suppenkraut
Pfeffer
250 g Möhren
1 Paket tiefgekühlte Erbsen
1 Fleischbrühwürfel
Petersilie.

Weiße Bohnen über Nacht einweichen. Zwei Liter Salzwasser aufkochen und das Rindfleisch zusammen mit dem geputzten, kleingeschnittenen Suppenkraut und den Bohnen eine Stunde darin garen. Mit Pfeffer würzen. Möhren schälen, in Scheiben schneiden und noch 30 Minuten mitgaren. Das Fleisch herausnehmen, kleinschneiden und wieder in den Gemüsetopf geben. Erbsen noch zehn Minuten mitgaren. Mit einem Fleischbrühwürfel und Petersilie abschmecken.

Kokosnuß-Pfannkuchen

(Foto rechts)
Für 4 Personen
Schmeckt ganz besonders feurig:
etwa 300 g Kokosfleisch
200 g Mehl
2 Teel. Backpulver
Salz
1 Teel. Koriander
1 Messerspitze Cayennepfeffer
1 Knoblauchzehe
etwa 50 g Butter oder Margarine.

Kokosfleisch raffeln. Mehl mit Backpulver, Salz, Koriander und Cayennepfeffer mischen. Zerdrückten Knoblauch, 200 g Kokosraspel und etwa 400 Kubikzentimeter Wasser zugeben. Zu einem glatten Teig verrühren und 30 Minuten stehenlassen. Aus dem Teig acht Pfannkuchen backen: Etwas Fett in einer Pfanne erhitzen. Eine Kelle Teig hineingeben und vier Minuten backen. Wenden und vier Minuten backen. Mit restlichen Kokosraspeln bestreut servieren.

So knacken Sie die Kokosnuß

Falls Sie das frische Kokosfleisch nicht fertig kaufen: mit einem Schraubenzieher die drei runden dunklen „Augen" (Keimporen) der Nuß einstechen. Kräftig schütteln und die Kokosmilch in ein Gefäß laufen lassen. Als Getränk verwenden. Die Nuß in einer Hand halten und mit der Hammerspitze rund um die Mitte schlagen, bis die Schale bricht. Mit dem stumpfen Hammerende die Schale stückweise abschlagen, so daß die braune Haut der Nuß freiliegt. Diese Haut mit einem kleinen, scharfen Messer abschälen, damit Sie das Fruchtfleisch verwenden können.

Wie wäre es mit einem kleinen Kalten Büfett?

Es gibt Heringssalat mit einem Stern aus gehacktem Eiweiß und Eigelb, dazu gebuttertes Schwarzbrot. Mit Kräutercreme gefüllte, halbierte Eier auf Kresse. Ein üppig belegtes Meterbrot, von dem sich jeder eine Scheibe abschneiden kann. Dieses Büfett ist rasch vorbereitet, und auch die Hausfrau kann den Abend ungestört genießen.

WER WIEGT SICH SCHON ZU WEIHNACHTEN?

Ich jedenfalls nicht. Diäthalten kann ich ab Januar, das gehört dann wieder zum Kapitel der guten Vorsätze. Trotzdem ist es ganz gut zu überlegen, wie wir trotz aller süßer und salziger Prasserei vernünftiger über die Festtage kommen. Es gibt so einige Dinge, die uns helfen.

Die Gewürze

Sie machen die Speisen besser bekömmlich und beschleunigen die Verdauung.

☐ Für Geflügel sind das je nach Geschmack die Gewürze Basilikum, Chili, Curry, Kurkuma oder Gelbwurz, Muskat, Oregano, Rosmarin, Thymian

☐ Für Fleischbraten: Knoblauch, Lorbeer, Pfeffer, Nelken, Piment, Wacholder

☐ Für Pute und Wild: Ingwer, Nelken, Piment, Wacholder, Thymian

☐ Für Rosenkohl und Rotkraut: Muskat, Nelken, Wacholder, Zwiebeln

☐ Für Selbstgebackenes: Anis, Ingwer, Nelken, Piment, Kardamom, Koriander, Zimt, Muskat

Fettarme Schlemmereien

☐ Beefsteak – Crabmeat – Filet – Forelle – Hase – Hecht – Hirsch – Huhn – Hummer – Kalbsbraten – Krabben – Lachsschinken – Obstsalat – Perlhuhn – Pute – Reh – Rindfleisch mager wie Roastbeef – Steinbutt – Süßspeisen mit Gelatine (zum Beispiel Weingelee) – Zitronencreme – Zunge geräuchert

Tips für die gesunde Weihnachtsküche

- ☐ Salate mit Joghurt und Zitrone statt mit Sahne und Mayonnaise anmachen
- ☐ Salzkartoffeln und Brot zum Essen reichen statt Bratkartoffeln, Pommes frites oder Klößen
- ☐ Grillen statt braten
- ☐ Gerichte in Folie oder im Tontopf garen
- ☐ Soßenfett abschöpfen
- ☐ Röststoffarmen Kaffee kochen
- ☐ Ungesüßte Fruchtsäfte anbieten
- ☐ Ein großes Festmenü reicht für die Weihnachtszeit und setzt einen Höhepunkt

Was sonst noch am Heiligen Abend gegessen wird

Wieder eine kleine Umfrage, diesmal unter Freunden und Kollegen:
Heringssalat mit Schmalzbrot
Fleischfondue
Kartoffelsalat mit Würstchen
Roastbeef mit Bratkartoffeln und Remoulade
Hummer mit Toast
Pasteten mit Ragoût fin
Kalbsschnitzel mit Mandeln
Schinkenauflauf mit Paprika
Hühnersuppe mit Curry-Reis
Käseplatte mit Oliven und Brezeln
Reis Trautmannsdorff mit Ananas und Kirschen
Hummerkrabben-Cocktail mit Spargel
Rührei mit Pilzen
Fasan
Pizza.

Drei Menüvorschläge fand ich besonders interessant, weil dafür nichts, aber auch gar nichts gekocht werden muß:

1. Menü:
Wildbrühe aus der Dose
●
Lachs mit Meerrettichsahne und Toast
●
Vanilleeis mit heißen Himbeeren

2. Menü:
Melonensalat mit Schinken
●
Wildpastete
●
Kräuterkäse auf Salzkeksen

3. Menü:
Gefüllte Avocados
●
Geflügelsalat mit Toast
●
Birnenkompott mit Borkenschokolade

SO ENTSTEHT EIN WEIHNACHTSMANN

Freund Wilhelm Wieben zeigt hier, wie sich alle zukünftigen Weihnachtsmänner für den großen Auftritt am Heiligen Abend verkleiden können.

1. Leichtes Unterzeug tragen. Sonst schwitzt der Weihnachtsmann im warmen Bescherungszimmer unter seinem Mantel und Rauschebart zu sehr.

2. Buschige graue Augenbrauen verkleiden das Gesicht am besten. Mit dem Klebefilm auf der Rückseite werden sie einfach über die eigenen Brauen gesetzt.

3. Mit kirschrotem Rouge wird die Nasenpartie eingerieben, auch um die Augen herum muß Rouge verrieben werden. Das sieht schön nach Frost und Schlittenfahrt aus – und verfremdet das Gesicht.

4. Ein Gummiband hält den Rauschebart fest. Sprechprobe: Je fester das Gummiband sitzt, desto fremder die Stimme, weil der Bart auf Mund und Nase drückt.

5. Brillenträger sollten eine alte Brille aufsetzen, die niemandem mehr vertraut ist. Oder das Gestell mit Garn umwickeln oder mit Klebesternchen unkenntlich machen. Nie eine Sonnenbrille tragen, das erschreckt kleine Kinder. Man will dem Himmlischen schließlich in die Augen sehen können!

1.

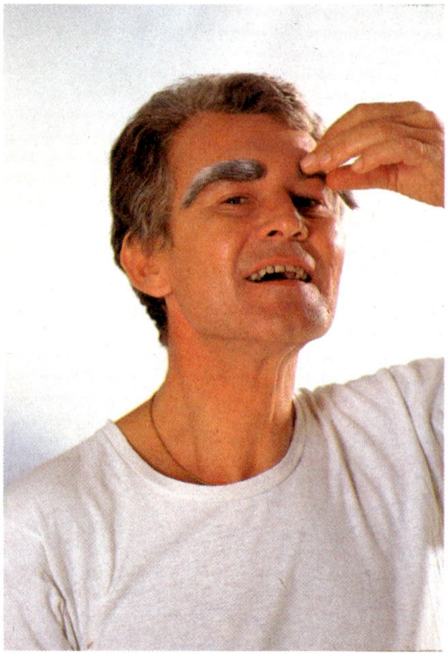

2.

5.

6.

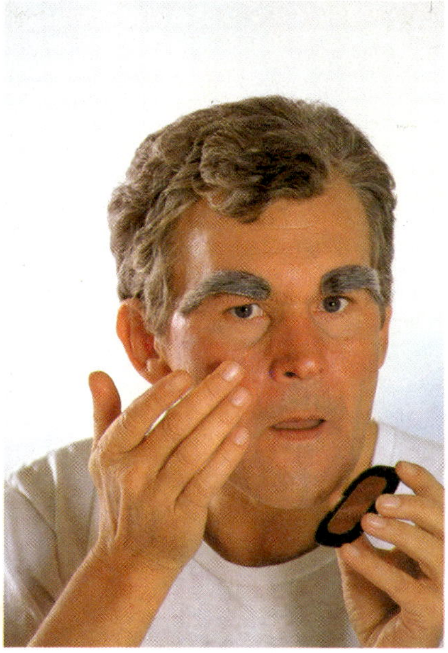

3.

4.

7.

6. Alles, was Kinder wiedererkennen könnten, muß verfremdet werden: Stiefel und Handschuhe mit Sternen bekleben. Hosenbeine in den Stiefeln verschwinden lassen. Bei bloßen Händen: Uhren und Ringe ablegen.
Die Kapuze vom Weihnachtsmannmantel abtrennen und als Mütze fest auf dem Kopf verknoten. Denn allzu leicht kann die Kapuze vom Kopf rutschen – und dann gibt es eine ungewünschte Bescherung!

7. Den rotweißen Mantel fest mit einer Strippe umgürten, damit weder Hose noch Unterzeug zu sehen sind. Einen fremden Gang probieren. Keine Rute tragen, das macht Angst. Jetzt kann es losgehen.

„Es ist einfach unglaublich, wie unser Hund den Weihnachtsmann liebt“, sagte Ina staunend. Tatsächlich, Herr Meier (so heißt diese Hundemischung aus Schäferhund und Rottweiler) wedelte um den Wilhelm herum und brachte ihm seinen Freßnapf. Das ist der größte Liebesbeweis, den Herrn Meier zeigen kann.
Daß Wilhelm und Herr Meier sich gut kennen, das wird Ina noch klarwerden, wenn sie dieses Kapitel liest. Schließlich geht jedes Märchen einmal zu Ende.

BESCHERUNGSZEIT

Wenn es draußen wirklich still wird, Markt und Straßen verlassen stehen, wird es Zeit für die Bescherung. Bei Kindern, die zappelig und kaum zu bändigen sind, kann es schon am frühen Nachmittag losgehen.

Lassen Sie die Kinder selbst entscheiden, ob sie ein Gedicht aufsagen, Blockflöte spielen oder ein Lied singen wollen. So halte ich es mit Hans und Ina auch. Auf eins aber verzichten wir nie: Einer von uns liest die Verse aus dem Lukas-Evangelium vor. Das ist so feierlich und rührt uns an, obgleich wir wissen, daß kein Augenzeugenbericht von der Geburt Jesu überliefert wurde. Denn schon das Lukas-Evangelium stützt sich auf ältere Quellen, und die sind verlorengegangen.

Die Kerzen am Weihnachtsbaum brennen und die Bescherung beginnt. Fröhliche Erwartung entsteht, wenn jedes Kind, jeder Erwachsene seine Geschenke vor den anderen auspackt. Das erhöht die Spannung und jeder steht einmal im Mittelpunkt des Geschehens. Die Jüngsten kommen zuerst an die Reihe, weil sie es kaum erwarten können, ihre Geschenke auszupacken. Will man die Vorfreude und Aufregung noch steigern, kann zwischendurch ein Weihnachtslied gesungen, ein Gedicht vorgetragen oder Weihnachtspost vorgelesen werden.

Sind die Geschenke genug bestaunt und bewundert worden, hat jeder jedem sein Dankeschön gesagt, haben die Kinder ihren ersten Spieltrieb mit den neuen Geschenken ausgetobt, sollte Gemeinsames getan werden.

Spiele spielen oder miteinander reden, einen nächtlichen Spaziergang machen und dabei Wunderkerzen abbrennen oder in die Kirche gehen. Ein Fall aus unserer Familienchronik: Bei einer Weihnachtsandacht in der Kirche brachte Hans den Prediger etwas aus der Fassung, weil er lautstark singen wollte: „Wir kommen all und gratulieren…“ Schließlich hatte Jesus heute Geburtstag. Normalerweise geht es auch auf Kindergeburtstagen lustiger zu als in einer Kirche, wo alle Leute still sitzen und so andächtige Gesichter machen. Diese Geschichte bringt uns jedes Jahr wieder zum Lachen – und zum Nachdenken. Es stimmt: In den Weihnachtsliedern

Engel frieren nicht
Merkwürdig: Der Nikolaus ist immer bis über die Ohren warm vermummt und vermittelt klirrende Kälte. Die Engel sind dagegen hochsommerlich geschürzt und stets tadellos frisiert, trotz Schnee und Eis und Frost. Engel frieren eben nicht, behauptet Ina. Sie muß ein weihnachtliches Geheimnis kennen!

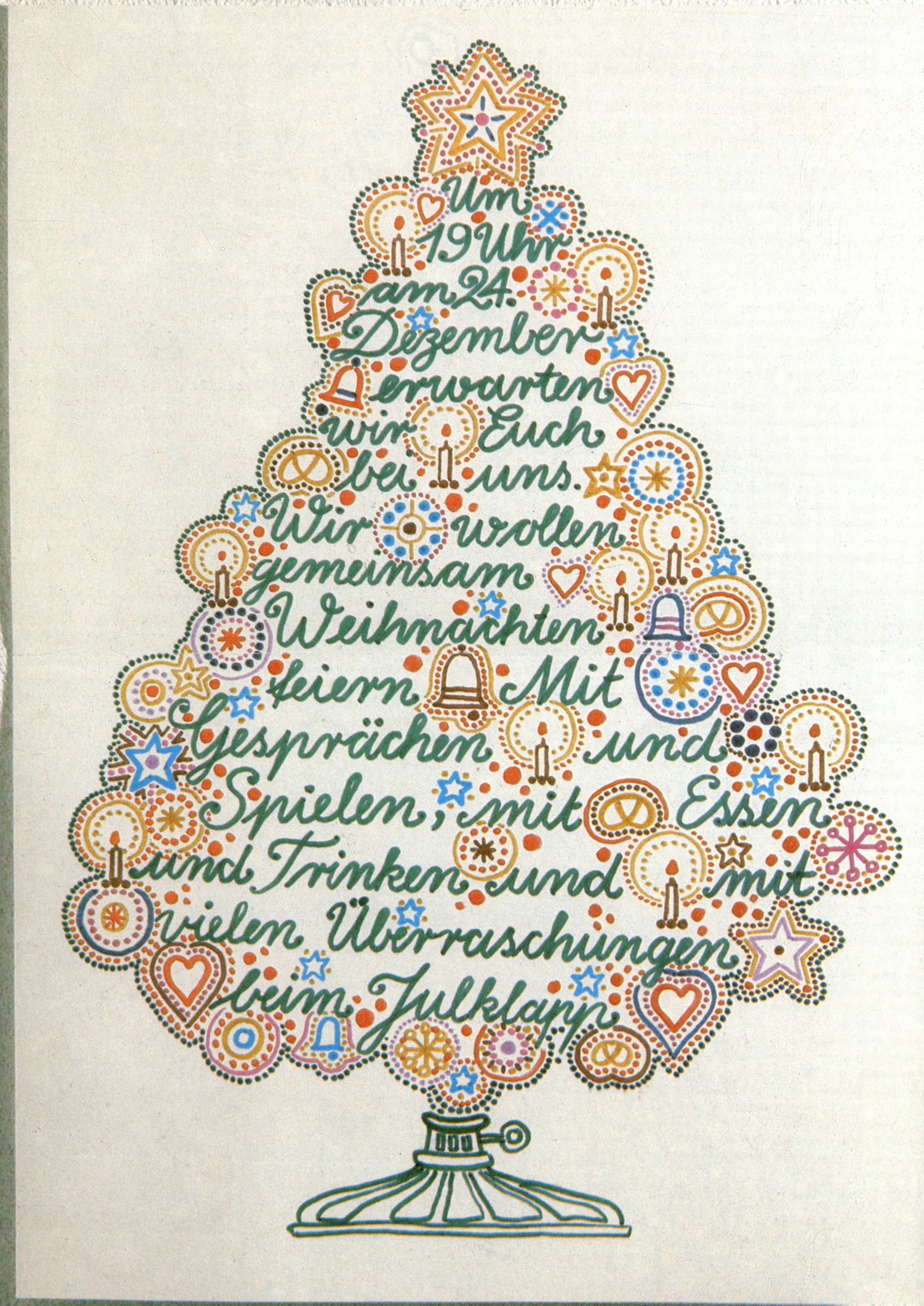

Um
19 Uhr
am 24.
Dezember
erwarten
wir Euch
bei uns.
Wir wollen
gemeinsam
Weihnachten
feiern Mit
Gesprächen und
Spielen, mit Essen
und Trinken und mit
vielen Überraschungen
beim Julklapp

Eine ganz persönliche **Einladungskarte** in Tannenbaumform, denn wer hat bloß erfunden, daß man den 24. Dezember nur in der Familie, nur mit Kindern so richtig genießen kann? Das ist barer Unsinn! Gemütlich und besinnlich oder ausgelassen und heiter, so kann ein Heiliger Abend mit Freunden sein. Ich habe hinreißende Feste miterlebt, wo herrschaftlich gekocht und getafelt wurde, mit Damasttischtuch und Silberplatten. Ebenso unvergeßliche Mitternachtstreffen mit heißer Erbsensuppe und Pappgeschirr. Schöne Weihnachtsabende mit viel Gelächter und Wortgefechten, mit aufgeführten Scharaden, allerlei Spielen und Tanz. Diese Abende will ich auch weiterhin veranstalten oder bei Freunden miterleben. Dabei darf Julklapp, die skandinavische Sitte, niemals fehlen: Jeder bringt ein dick verpacktes Geschenk (Preisabsprache!) mit und legt eine möglichst lustige Beschreibung bei, wie derjenige Mensch wohl aussehen könnte, der dieses Geschenk bekommt. Alle Geschenke stecken in einem verdeckten Korb, in den jeder Gast einmal hineingreifen darf. Jede Beschreibung muß laut vorgelesen und das Geschenk vorgezeigt werden. Machen Sie es mal nach, Sie werden sich königlich amüsieren!

jauchzt und jubelt es, weil Jesus geboren ist. Tochter Zion freut sich und mit ihr die ganze Christenheit, Schalmeien und Pfeifen erklingen, und wir singen o du fröhliche, o du selige Weihnachtszeit – aber wir sind immer etwas wehmütig gestimmt dabei.

Gemeinsamkeit gilt auch für die folgenden Feiertage. Ganz gleich, ob Besuche gemacht werden oder Besuch kommt, ob ein Film zusammen angeguckt wird oder alle miteinander draußen an der frischen Luft herumtoben. Gemeinsamkeit bedeutet aber nicht, dauernd beieinanderzuglucken, und darf nie Zwang werden. Jeder sollte für sich Weihnachten auf die für ihn schönste Weise gestalten und auch eigene Wege gehen können, dabei aber doch Rücksicht auf die anderen nehmen. Was ich meine: Keiner sollte allein gelassen werden, wenn er es nicht will oder noch nichts mit dem Alleinsein anfangen kann.

Es begab sich aber zu der Zeit, daß ein Gebot von dem Kaiser Augustus ausging, daß alle Welt geschätzt würde. Und diese Schätzung war die allererste und geschah zur Zeit, da Cyrenius Landpfleger in Syrien war. Und jedermann ging, daß er sich schätzen ließe, ein jeglicher in seine Stadt. Da machte sich auf auch Joseph aus Galiläa, aus der Stadt Nazareth, in das jüdische Land zur Stadt Davids, die da heißt Bethlehem, darum daß er von dem Hause und Geschlechte Davids war, auf daß er sich schätzen ließe mit Maria, seinem Vertrauten Weibe, die war schwanger. Und als sie daselbst waren, kam die Zeit, daß sie gebären sollte. Und sie gebar ihren ersten Sohn und wickelte ihn in Windeln und legte ihn in eine Krippe; denn sie hatten sonst keinen Raum in der Herberge.

Und es waren Hirten in derselben Gegend auf dem Felde bei den Hürden, die hüteten des Nachts ihre Herde. Und siehe, des Herrn Engel trat zu ihnen und die Klarheit des Herrn leuchtete um sie; und sie fürchteten sich sehr. Und der Engel sprach zu ihnen: „Fürchtet euch nicht! Siehe, ich verkündige euch große Freude, die allem Volk widerfahren wird; denn euch ist heute der Heiland geboren, welcher ist Christus, der Herr, in der Stadt Davids. Und das habt zum Zeichen: ihr werdet finden das Kind in Windeln gewickelt und in einer Krippe liegen." Und alsbald war da bei dem Engel die Menge der himmlischen Heerscharen, die lobten Gott und sprachen: „Ehre sei Gott in der Höhe und Friede auf Erden und den Menschen ein Wohlgefallen."

Und da die Engel von ihnen gen Himmel fuhren, sprachen die Hirten untereinander: Laßt uns nun gehen nach Bethlehem und die Geschichte sehen, die da geschehen ist, die uns der Herr kundgetan hat. Und sie kamen eilend und fanden beide, Maria und Joseph, dazu das Kind in der Krippe liegen. Da sie es aber gesehen hatten, breiteten sie das Wort aus, welches zu ihnen von diesem Kinde gesagt war. Und alle, vor die es kam, wunderten sich der Rede, die ihnen die Hirten gesagt hatten. Maria aber behielt alle diese Worte und bewegte sie in ihrem Herzen. Und die Hirten kehrten wieder um, priesen und lobten Gott um alles, was sie gehört und gesehen hatten, wie denn zu ihnen gesagt war.

Und da acht Tage um waren und man das Kind beschneiden mußte, da ward sein Name genannt Jesus, wie er genannt war von dem Engel, ehe er im Mutterleibe empfangen ward.

Geheimnisvoll leuchtet die Schneeballpyramide vor dem Haus, wenn der Frost so richtig zwackt und zwickt. Freund Walter, der Eis und Schnee nicht mag, sagt jedes Jahr wieder: „Das ist das einzige, was uns der Sommer nicht bieten kann.“ Wie man die Pyramide baut, steht auf Seite 178.

10. Kapitel

NACH WEIHNACHTEN …

… und was geschieht, wenn alles vorbei ist?

ZWISCHEN DEN JAHREN

Das sind die Tage zwischen Weihnachten und Neujahr. Es gibt noch keinen neuen Anfang und noch kein Ende; eine Art Niemandsland der Zeit. Für mich ist das eine magische Zeit: Das alte Jahr wird langsam abgeschlossen, das neue Jahr schon mal auf seine überschaubaren Ereignisse hin vorsichtig geprüft.

Schön, wenn die Sonne scheint; dann gehen wir raus, sooft wir können. Aber auch Schnee und Frost oder gar Regen halten uns nicht davon ab, soviel frische Luft wie möglich zu tanken, soviel Tageslicht wie möglich einzufangen.

Jeder Spaziergang hat eine angenehm beruhigende, ausgleichende Wirkung und beflügelt unsere Stimmung. Bloß kein Leben auf Sparflamme führen und im Zimmer auf den Frühling warten! Wir verschenken sonst zu viele Lebenstage – und jedes Jahr hat ja nur 365 davon!

Jetzt ist auch die richtige Zeit, um Dankeschönbriefe zu schreiben, persönliche Adreß- und Telefonbücher zu überprüfen, den neuen Kalender einzurichten, den Urlaub zu planen – und gute Vorsätze für das neue Jahr zu fassen. Auch wenn der Alltagstrott uns im Laufe des neuen Jahres wieder einholt: Gute Vorsätze geben uns erst mal ein erhebendes Gefühl der Erneuerung – und das tut gut.

AUCH DER PLUMPUDDING TUT GUT

Und nicht nur zu Weihnachten. Auch an einem der vier Tage zwischen dem 26. Dezember und Silvester schmeckt er köstlich und setzt zwischen den Jahren Höhepunkte. Hier sein kinderfreundlich abgewandeltes Rezept: Statt mit Nierenfett wird er mit magerer Erdnußcreme gemacht, der Hauch von Rum verfliegt beim Kochen, und anstelle der alkoholisch-fruchtigen Soße gibt es eine leichte, lauwarme Vanillesoße.

Leichter Plumpudding

Für 10 bis 12 Portionen
125 g Backpflaumen (ohne Stein)
100 g Korinthen
250 g Rosinen
4 EL Rum
100 g Zitronat
100 g Orangeat
2 kleine Äpfel (ca. 200 g)
1 Zitrone
100 g Haselnüsse
100 g Semmelbrösel
80 g Erdnußbutter
100 g Mehl
65 g brauner Zucker
4 Eier (Gewichtsklasse 2)
½ TL Nelkenpulver
½ TL Zimt
1 Prise Muskatnuß (frisch gerieben)
1 Prise Salz
Fett und Brösel für die Form
4-5 EL Aprikosenkonfitüre zum Bestreichen.

Die Backpflaumen fein würfeln, mit den Korinthen und Rosinen mischen und mit Rum beträufeln. Durchziehen lassen, bis alle anderen Zutaten vorbereitet sind. Zitronat und Orangeat ganz fein würfeln. Die Äpfel schälen und vierteln, die Kerngehäuse herausschneiden. Apfelviertel ebenfalls sehr fein würfeln. Die Zitrone abreiben und auspressen. Die Haselnüsse mahlen. Alle vorbereiteten Zutaten mit Semmelbröseln, Erdnußbutter in Flöckchen, Mehl, braunem Zucker, Eiern und Gewürzen gründlich verarbeiten. Eine Puddingform von gut 1 ½ l Inhalt ausfetten und mit Bröseln ausstreuen. Die Masse einfüllen und glattstreichen. In der verschlossenen Form in leise kochendem Wasserbad 3 ½ bis 4 Stunden garen. Herausnehmen und zehn Minuten stehenlassen.

Dann den Rand von der Form lösen und den Pudding stürzen. Die Aprikosenkonfitüre aufkochen, durch ein Sieb streichen und den Kuchen damit bepinseln.
Obendrauf einen Stechpalmenzweig setzen und den Plumpudding gleich auf den Tisch bringen.

DER TANNENBAUM HAT AUSGELEUCHTET

Die meisten Weihnachtsbäume bleiben noch bis zum 6. Januar, dem Dreikönigstag, stehen. Bei uns wird am Silvestermorgen der Tannenbaum abgeblümt, wie Ina sagt. Das Wort plündern ist ihr zu brutal. Die Süßigkeiten vom Baum gehören Hans und Ina, der Schmuck kommt wieder gut verpackt auf den Boden. Wir fahren am Nachmittag mit dem nadelnden Baum zum Schrebergarten eines Bekannten, der uns schon erwartet. Er zerkleinert und verbrennt den Baum. Das Feuer riecht gut und knistert, wir genießen die Wärme, schauen in die Flammen – und sind auch ein bißchen wehmütig. Das ist unsere ganz private Sonnenwendfeier.

Wenn Schnee liegt, kneten wir viele, viele Schneebälle und bauen daraus eine Pyramide (Foto Seite 172). Erst sind die Hände so kalt, daß man nach dem dritten Schneeball aufgeben möchte, aber nach einigen Minuten sind die Hände richtig heiß und durchblutet, und der Frost beißt uns nicht mehr. In die halbfertige Pyramide wird eine dicke brennende Kerze hineingestellt. Die restlichen Schneebälle setzen wir übereinander – und die fertige Pyramide leuchtet geheimnisvoll im Dämmerlicht. Auch wenn Sie vielleicht zweifeln – sie schmilzt nicht gleich weg.

Laut oder leise feiern?

Es gibt Menschen, die Silvester ihren Kleiderschrank aus- und aufräumen, ihre Steuerunterlagen ordnen und sich vor Mitternacht ins Bett legen. Andere sitzen vor dem Fernseher, gehen ins Theater oder ins Kirchenkonzert. Manche Leute prosten sich selbst mit ihrem eigenen Punsch ausführlich zu und verabschieden das vergangene Jahr melancholisch. Ich kenne auch Freunde, die laute Feiern hassen, dafür im Getümmel der Silvesternacht Urschreie ausstoßen, bis sie heiser sind, und sich danach wie befreit fühlen.

Ob Sie nun ein rauschendes Fest planen oder nur eine kleine gemütliche Feier, ob Sie viele Gäste oder nur einige Freunde um sich versammeln wollen, denken Sie daran: Silvester geschieht nichts anderes, als daß es irgendwann mal zwölf schlägt. Wenn nur auf diesen Höhepunkt hingefeiert wird – mit oder ohne Papierhut, mit oder ohne Juhu-Dekoration –, läuft der Abend schief. Und wie viele schiefe Silvesterabende hat jeder von uns schon erlebt und sich geschworen: nie wieder! So richtig gut feiern oder spielen oder miteinander reden kann man nur ohne den dauernden Blick auf die Uhr und ohne den Zwang zur Fröhlichkeit mit Luftschlangen und Knallbonbons. Überlassen wir die Pappnase ruhig den Pappnasen!

Für alle, die noch Auto fahren wollen, eine erfrischende Bowle ohne Alkohol.
1 Flasche Bitter Orangeade
½ Flasche konzentrierter Orangensaft
4 Flaschen Selterswasser
1 große Dose Ananas.
Die Flüssigkeiten gut mischen, Ananassaft und die in Stücke geschnittenen Ananasscheiben zugeben.

Punschen Sie mit, jetzt ist die Zeit dafür. Ein Glas mit heißem Punsch wärmt den Körper und beflügelt den Kopf. Das Rezept steht auf Seite 182.

Château

GUTES ESSEN UND SILVESTER GEHÖREN ZUSAMMEN

Erstens schafft es eine solide Grundlage für Wein, Bier, Schnaps, Bowle und Punsch, und zweitens tut es gut, mit netten Menschen am Altjahrsabend bei Tisch zu sitzen.
Ein warmes Abendessen ist immer ein guter Silvesterstart für eine kleine Gästerunde.

Zum Beispiel kann es geben:
Fleischfondue mit verschiedenen Soßen
Hühnercurry mit Reis und Bananenscheiben
Boeuf Stroganoff mit Chicoréesalat
Hummerkrabben mit Dill
Hammelkeule mit Kapern
Rehrücken mit Pfifferlingen
Karpfen oder Ente

Ein Punsch, der einheizt

Für zwei Personen brauchen Sie:
1 (heiß abgewaschene) Apfelsine
12 Nelken
1 Flasche Rotwein
50 g Kandis oder Zucker
100 ccm Orangenlikör.
Die Apfelsine mit Nelken spicken. Zusammen mit Rotwein und Zucker in einem Topf erhitzen. Den Likör zugeben. (Foto Seite 180/181.)

Für ein Kaltes Büfett

Heringssalat
Tatar mit Eigelb und Kapern
Bunter Kartoffelsalat mit Eiern
Selleriesalat mit Nüssen
Kalter Schweinebraten mit Preiselbeeren
Rollmöpse
Bratheringe
Rettich mit grobem Salz
Fleischpastete mit Cumberlandsoße
Verschiedene Käsesorten

Irgendwann in der Nacht

Deftige Gulaschsuppe
Frikadellen
Leberkäsescheiben
Hartgekochte Eier mit Anchovis
Linseneintopf mit Wurstscheiben
und natürlich:
Berliner Pfannkuchen oder Krapfen
und heißer Kaffee.

Versteckter Lachs

Frischen Lachs (pro Person 150 g) beim Fischhändler küchenfertig (Gräte herausgetrennt) zubereiten lassen. Fisch auseinanderklappen, mit Sardellenbutter (Rezept Seite 127) bestreichen, pfeffern und salzen. Zusammenklappen und in aufgetautem, ausgerolltem Blätterteig (1 Paket tiefgekühlter Blätterteig für 4 Personen) einschlagen. Teigränder mit Eiweiß bestreichen und zusammendrücken. Mit Teigresten verzieren. Alles mit verrührtem Eigelb bepinseln und bei 200 Grad etwa 40 Minuten backen. Dazu gibt es Remouladensoße und Kopfsalat.

Das Lieblingsmenü von Tante Martha

1. Ein Glas Sherry (nicht zu trocken!)

●

2. Versteckter Lachs

●

3. Birnen mit Käse

Birnen mit Käse

Reife Birnen halbieren, das Kerngehäuse herausschneiden. Mit Zitronensaft beträufeln, mit schwarzem Pfeffer würzen. Frischkäse mit wenig Knoblauch, gehackten Kräutern und etwas Sahne cremig rühren und in die ausgehöhlten Birnenhälften füllen. Mit einer halben Walnuß und etwas Dill garnieren.

SILVESTER – DIE NACHT DER TAUSEND GUTEN WÜNSCHE

Den Namen hat der letzte Tag des Jahres vom Papst Silvester I. Er ist der Schutzheilige des 31. Dezember und war von 314 bis 335 in Amt und Würden. Der Sage nach – die eine fromme Erfindung und historisch falsch ist – soll Papst Silvester Kaiser Konstantin den Großen getauft und ihn dadurch von der Lepra geheilt haben.

Die Römer zählten den 1. Januar als Jahresbeginn; für die frühen Christen dagegen war der 6. Januar der Jahresanfang. Erst in der Neuzeit (Ende des 17. Jahrhunderts) hat sich der 31. Dezember als letzter und der 1. Januar als erster Tag des Jahres durchgesetzt. Die Bräuche waren aber immer gleich: Mit Getöse und Lärm feierte man die letzte Nacht des Jahres, um böse Geister und Dämonen zu vertreiben. Das war weniger ein Ausdruck der Freude als Furcht vor einer ungewissen Zukunft. Knalleffekte und Feuerzauber sind geblieben – und die guten Wünsche. Denn wer sie ausspricht, bekommt sie auch zurückgesagt; und mit Glückwünschen zum neuen Jahr verbindet sich immer wieder die Hoffnung, daß das neue Jahr schöner, glücklicher, besser wird als das vergangene.

Kein Wunder, daß gerade in der Silvesternacht Orakel befragt werden, Magie betrieben, Blei gegossen wird und daß, auch bei überhaupt nicht abergläubischen Mitmenschen, allerlei Bräuche gängig sind, mit denen Glück und Segen beschworen werden sollen.

22 mal in die Zukunft sehen

Wenn Sie Silvester Bleigießen wollen, um zu wissen, was das Neue Jahr bringt, lassen Sie sich von den gegossenen Formen zu diesen Deutungen anregen:

Apfel: Eine Versuchung kommt auf Sie zu.
Baum: Sie können auf Ihre Lebenserfahrung zurückgreifen und lösen deshalb alle Probleme.
Blume: Das Leben zeigt sich von seiner guten Seite. Sie erleben viele schöne Stunden.
Boot: Obwohl Ihre Gefühle schwanken, erreichen Sie die Ziele, die Sie sich gesteckt haben.
Dach: In diesem Jahr können Sie sich Wünsche erfüllen, für die Sie bisher hart gearbeitet haben.
Flasche: Sie werden viele Feste feiern.
Gefäß: Sie werden wichtige Erfahrungen sammeln.
Glocke: Sie werden an einer Hochzeit teilnehmen.
Herz: Venus lächelt Ihnen zu, Sie haben Glück in der Liebe.
Hut: In der nächsten Zeit finden Sie Menschen, die Sie beschützen oder fördern.
Kontinent: Ihnen steht in Kürze eine große Reise bevor.
Mond: Im kommenden Jahr spielt ein Mann (eine Frau) in Ihrem Leben eine große Rolle.
Münzen: Ihnen stehen finanzielle Gewinne ins Haus.
Pantoffel: Das wird ein gemütliches Jahr.
Pistole: Sie lernen es, sich in unangenehmen Situationen durchzusetzen.
Ring: Man versucht, Sie festzuhalten, und Sie müssen entscheiden, ob Sie sich binden wollen.
Schmetterling: Sie lernen einige neue Leute kennen und vergrößern Ihren Freundeskreis.
Schuh: Sie stehen in Zukunft mit beiden Beinen auf der Erde und haben deshalb Erfolg.
Sitzende Figur: Eine Autoritätsperson wird in Kürze für Sie sehr wichtig.
Stern: Sie können darauf vertrauen, daß Sie richtig handeln.
Stock: Durch Disziplin erreichen Sie Verbesserungen im Beruf oder beim Organisieren Ihres Alltags.
Vogel: Über die meisten Schwierigkeiten kommen Sie demnächst mühelos hinweg.

Eigene und weitergehende Deutungen stehen dem Orakel nicht im Weg. Aber jede Auslegung sollte positiv sein…

Das neue Jahr wird mit
Feuerwerk und
Knallerei begrüßt

DER 1. JANUAR IST DA!

Kein Tag wie jeder andere, sondern ein besonderer Feiertag. Wir können ausschlafen, mit gutem Gewissen lesen oder Radio hören, denn zum Joggen ist es zu naß oder zu kalt draußen. Wir sind gespannt darauf, wer als erster das Haus betritt oder anruft, denn der erste Glückwunsch am Neujahrstag ist doppelt wirksam!

Es klingelt. Der junge Mann vom Blumengeschäft überbringt uns einen Strauß; Freunde haben ihn geschickt. Es sind kleine Chrysanthemen, Eukalyptuslaub, Buchsbaumzweige. Dazwischen tummeln sich auf Draht gespießte Schornsteinfeger und Glückspilze. Bei diesen Vorzeichen muß es wirklich ein besonders gutes Jahr werden! Warm verpackt geht es irgendwann raus zum großen Spaziergang. Brotreste für die Enten haben wir mit dabei. Die Häuser und Bäume tragen Schneehauben, und am Flußufer haben sich Eisschollen breitgemacht. Für mich beginnt der Winter immer erst am Neujahrstag, mag der Kalender auch anderer Meinung sein. Und ich will den Winter genießen. Ganz in Ruhe, ganz gemächlich, im Einklang mit mir selbst und den anderen Menschen.

Frühstück

Wir freuen uns auf das Frühstück, das in einer großen Pfanne mitten auf den Frühstückstisch kommt: Eier mit Schinken, Würstchen und Tomaten. Danach gibt es Tee mit Toast und bittere Orangenmarmelade. Für alle Fälle sind auch die Zutaten für eine katervertreibende Prärie-Auster vorhanden, nämlich: ein Eigelb mit etwas Worcestersoße, Tomatensaft, ein Spritzer Zitronensaft, Tabascosoße und Salz. Sie werden in ein Glas gegeben, umgerührt und gleich getrunken.

Winteridyll
beim Spaziergang am 1. Januar entdeckt: verschneite Bäume und Sträucher, ein kleines strohgedecktes Haus und herber Holzfeuergeruch. Karsten hat gleich fotografiert – im nächsten Jahr wird diese Idylle x-mal vervielfacht und als Weihnachtsgruß verschickt.